Dörte Junge
Die Fitness-Küche
Schlanker Genuss

Dörte Junge

Die Fitness-Küche

Schlanker Genuss

Illustrationen:
Andrea-Elizabeth
Zwicker-Boos

Bircher-Benner Verlag
Friedrichsdorf/Ts.

1. Auflage 1999
Alle Rechte, auch die des auszugsweisen Nachdrucks, der
photomechanischen Wiedergabe und der Übersetzung,
vorbehalten.
© Copyright by Bircher-Benner Verlag GmbH, Friedrichsdorf/Ts. 1999

Titelentwurf: M. Schäfer/Neu-Isenburg
Titelzeichnung: Andrea Zwicker-Boos, Hemau
Illustrationen: Andrea Zwicker-Boos
Druck/Herstellung: Druckerei Neubert, Bayreuth
Fränkische Gesellschaftsdruckerei und Verlag GmbH
Printed in Germany · ISBN 3-87053-102-9
gedruckt auf RecyMago matt aus 100% Altpapier

Die Ratschläge in diesem Buch sind von den Autoren und vom Verlag
sorgfältig erwogen und geprüft, dennoch kann eine Garantie
nicht übernommen werden. Eine Haftung der Autoren bzw. des Verlages für
Personen-, Sach- und Vermögensschäden ist ausgeschlossen.

Inhaltsverzeichnis

Vorwort 7
Bioaktive Substanzen 9
Gewichtsprobleme? 12
Obsttag 14
Reistag 14
Für alle, die viel unterwegs sind 16
Leichte Fast Food-Rezepte 17
Die Single-Küche 18
Keimlinge 20
Erläuterungen zu den Rezepten 22
Abkürzungen 23

Rezepte
Das Frühstück 24
Rohkost und Salate 36
Neue Soßen 71
Suppen und Eintöpfe 76
Vegetarische Hauptgerichte 91
Gemüse als Beilage 138
Fruchtiges 150
Herzhaftes Gebäck 168
Frischer Brotaufstrich 179
Pikante Dips 188
Für Eilige; Die schnelle warme Brotmahlzeit aus dem Ofen 192
Kuchen und Plätzchen 196
Getränke 214
Alphabetisches Rezeptverzeichnis 220
Literatur 223

Vorwort

Der moderne Mensch führt ein bewegtes Leben. Ständig strömt eine Flut neuer Informationen auf ihn ein. Das verlangt uns eine große Flexibilität ab, denn wir müssen uns in immer kürzeren Zeiträumen neuen Technologien anpassen.

Diese Neuerungen bringen aber auch großen Nutzen mit sich und ein umfassendes Wissen in den unterschiedlichsten Bereichen. Allein in der Medizin haben die Möglichkeiten sich in atemberaubenden Tempo vervielfacht, so daß die Lebenserwartung noch nie so hoch war wie heute.

Nun ist es höchste Zeit, daß auch in die Küche Bewegung kommt. Denn hier trifft man häufig noch Kochgewohnheiten an, die von Müttern und Großmüttern überliefert wurden.

Vieles davon ist nicht mehr zeitgemäß, weil neue Erkenntnisse in der Ernährungslehre dazugewonnen wurden und sich die Lebensumstände sehr geändert haben.

So ist zum Beispiel der tägliche Energiebedarf durch den Einsatz von Maschinen und kürzere Arbeitszeiten beträchtlich gesunken. Wenn dadurch auch die Streßbelastung wächst, so benötigt der Mensch doch keine zusätzliche Energie.

Dennoch steht uns jederzeit durch Kühl-, Tiefkühl- und Transportsysteme ein schier unbegrenztes Lebensmittelangebot zur Verfügung.

All die Köstlichkeiten, die unsere Eltern sich früher nur selten leisten konnten, sind für uns durch Überproduktion, Preisverfall und gestiegene Einkommen erschwinglich geworden.

Genußmittel, die nur zu besonderen Anlässen serviert wurden, stehen in vielen Haushalten heute fast täglich auf der Speisekarte.

Lebensmittel werden wie selbstverständlich im Übermaß konsumiert, gleichzeitig stehen wir aber nicht mehr 14 Stunden am Tag mit der Hacke in der Hand auf dem Feld und das führt zu den ernährungsbedingten Erkrankungen.

Wer sich wieder fit fühlen und gut in Form kommen möchte, kann eine ganze Menge dafür tun: Richtig Essen und Trinken gehört dazu, aber auch regelmäßige sportliche Betätigung an der frischen Luft.

Amerikaner und Engländer umschreiben den daraus resultierenden Zustand der „guten körperlichen Gesamtverfassung" mit dem inzwischen eingedeutschten Begriff „Fitneß".

In diesem Buch habe ich leckere Fitneß-Rezepte zusammengestellt, die schnell und einfach nachzukochen sind.

Übrigens: Kalorien brauchen Sie hier nicht zu zählen, denn alle Rezepte sind kalorien- und fettarm.

Viel Freude beim Nachkochen
und guten Appetit
wünscht Ihnen

Dörte Junge

Bioaktive Substanzen

Kenntnisse über die Zusammensetzung der Nahrung sind für den Menschen wichtig. Eine vernünftige Ernährung trägt wesentlich zur Leistungsfähigkeit und Gesundheit bei. Zu den lebensnotwendigen Nährstoffen gehören Eiweiß, Fett, Kohlenhydrate, Vitamine, Mineralstoffe, Ballaststoffe und Wasser. Sie kommen in tierischen und pflanzlichen Lebensmitteln vor.

Eine Vielzahl weiterer Substanzen, die nicht zu den Nährstoffen zählen, stellt eine große Gruppe bedeutender Inhaltsstoffe dar.

Neuere wissenschaftliche Untersuchungen zeigen, daß diese **nur in pflanzlichen Lebensmitteln** vorkommenden Substanzen gesundheitsfördernde Wirkungen besitzen bzw. **das Risiko für Zivilisationserkrankungen** wie Krebs, Diabetes mellitus (Zuckerkrankheit), Fettstoffwechselstörungen (z.B. den erhöhten Cholesterinspiegel) oder chronische Obstipation (Verstopfung) **deutlich senken können**.

Diese gesundheitsfördernden Substanzen ohne Nährwert werden als **bioaktive Substanzen** bezeichnet.

Bedarfszahlen können von den bioaktiven Substanzen nicht genannt werden, da sie im Vergleich zu den Nährstoffen zu keinen Mangelerscheinungen führen, wenn sie in der Nahrung fehlen.

Bioaktive Substanzen sollten durch eine regelmäßige Aufnahme einer überwiegend vegetarischen Kost, die reichlich Obst, Gemüse, Kartoffeln, Hülsenfrüchte und Vollkornprodukte enthält, aufgenommen werden.

Bei den bioaktiven Substanzen handelt es sich um
- Sekundäre Pflanzenstoffe
- Ballaststoffe
- Substanzen in fermentierten Lebensmitteln (milchsauer vergoren)

Die **sekundären Pflanzenstoffe** lassen sich in folgende Gruppen unterteilen: Carotinoide, Phytosterine, Saporine, Glucosinolate, Polyphenole, Protease-Inhibitoren, Monoterpere, Phytoöstrogene, Sulfide und Phytinsäure.

Sie sind in pflanzlichen Lebensmitteln wie Obst, Gemüse, Hülsenfrüchten, Samen und Nüssen, Knoblauch, Senf, Meerrettich, Getreide, Aromastoffen wie Pfefferminze, Kümmelöl und Zitrusöl enthalten.

Die gesundheitsfördernden Wirkungen von sekundären Pflanzenstoffen sind
- entzündungshemmend
- Blutdruck regulierend
- Cholesterinspiegel senkend
- Blutzuckerspiegel regulierend
- verdauungsfördernd
- Krebserkrankungen vorbeugend
- wirksam gegen Krankheitserreger
- Bekämpfung schädlicher Zellgifte, der Sauerstoff-Radikalen
- Thrombose vorbeugend
- Stärkung des Abwehrsystems

Ballaststoffe

Ernährungswissenschaftler haben in den letzten Jahrzehnten die enorme Bedeutung der Ballaststoffe entdeckt. Die Bezeichnung „Ballast"-Stoffe mit Attributen wie unnütz oder überflüssig zu verbinden, wäre nicht korrekt, denn heute sind zahlreiche gesundheitsfördernde Wirkungen ballaststoffreicher Lebensmittel bekannt. Wesentliche Eigenschaften und physiologische Funktionen der Ballaststoffe sind

- erhöhter Kauaufwand
- langsamere Nahrungsaufnahme
- verzögerte Nährstoffresorption
- verringerte Gallensäurenproduktion
- erhöhte Speichelproduktion
- längere Sättigungswirkung
- das Binden von Gallensäuren
- normale Transitzeit des Stuhls

Folgen daraus sind
- niedrigeres Körpergewicht
- verminderte Blutcholesterinspiegel
- vermindertes Darmkrebsrisiko
- niedrigere und gleichmäßigere Blutzuckerverläufe
- Normalisierung der Stuhlfrequenz

Substanzen in milchsauer vergorenen Lebensmitteln

Die Konservierung von Lebensmitteln durch Milchsäuregärung hat eine lange Tradition. Hauptsächlich werden Weißkohl, Gurken und Milch durch Milchsäuregärung konserviert. Neben der längeren Haltbarkeit sind vor allem die gesundheitlichen Aspekte der milchsauer vergorenen Lebensmittel wie Sauerkraut und Joghurt bedeutsam.

Zu den vielfältigen gesundheitsfördernden Wirkungen in milchsauer vergorenen Lebensmitteln gehören:
- Krebsvorbeugung
- Wirksamkeit gegen Krankheitserreger
- Stärkung des körpereigenen Abwehrsystems
- Senkung des Cholesterinspiegels
- Senkung der Infektanfälligkeit

Gewichtsprobleme?

Normalerweise haben Sie mit Ihrem Gewicht keine Probleme. Sie sind ein aktiver Mensch, der sich bewußt ernährt. Nun ist es aber auch Ihnen passiert, daß Sie ein paar Kilo zuviel auf die Waage bringen.

Gründe dafür gibt es reichlich. Es können die üppige Weihnachtsküche, die häufigen Einladungen, kalorienreiches Essen während der Urlaubsreise oder eine Verletzung gewesen sein, die Sie daran hinderte, Ihren gewohnten Sport zu treiben. Die Folge ist ein Schreck beim Blick auf die Waage.

Selbstverständlich möchten Sie Ihr Wohlfühlgewicht wiedererreichen. Zur Unterstützung der Gewichtsabnahme kann es sinnvoll sein, einmal pro Woche einen Obsttag oder Reistag einzulegen. Diese Entlastungstage sind nicht nur kalorienarm, sondern durch die Vielzahl an Vitaminen und Mineralstoffen auch gesund. Die vielseitigen Zubereitungsmöglichkeiten bringen Sie leicht durch den Tag!

Es ist nicht schwer abzunehmen, braucht aber etwas Zeit, wenn der Gewichtsverlust dauerhaft sein soll. Kurzfristige Gewichtsverluste wie z.B. nach einem Saunabesuch, sind nur durch Wasserverlust entstanden. Sobald das Wasserdefizit wieder aufgefüllt wird, ist das vorherige Gewicht wieder erreicht.

Bewegung und Sport sind gute Möglichkeiten, den Kalorienverbrauch zu erhöhen. Zusätzlich kurbeln Sie den Stoffwechsel an, bauen Muskeln auf und tragen dadurch wesentlich zu einer guten Figur bei.

Häufig wird der Kalorienverbrauch durch Sport und körperliche Tätigkeiten überschätzt.

Hier der durchschnittliche Kalorienverbrauch in 15 Minuten:
- Bergwandern ohne Gepäck   119
- Fußball spielen   129
- Gehen   78
- Golf spielen   83
- Gymnastik   65
- Laufen (11 km/h)   188
- Radfahren (15 km/h)   98
- Schwimmen, Brust   158
- Skifahren   96
- Skiwandern   140
- Tanzen   50
- Tennis spielen   107
- Tischtennis spielen   66
- Volleyball spielen   50
- Walking   78

Um 1 kg Körperfett abzubauen, müssen wir jedoch 7 000 kcal einsparen!

Allein durch Sport oder Ernährung ist dieses Ziel schwer zu erreichen. Am besten kombinieren Sie beides miteinander. Besonders wichtig ist hierbei die **Einschränkung des Nahrungsfettes**, denn Fett liefert von allen Nährstoffen die meisten Kalorien.

Zur Wiederherstellung Ihres Wohlfühlgewichts empfiehlt sich eine bewußte Ernährung, eventuell mit einem Obsttag oder einem Reistag pro Woche und regelmäßiger Bewegung, die Ihnen Spaß bringt!

Obsttag

An einem Obsttag gibt es 3 x täglich 3 Stücke bzw. Portionen Obst. Sie sollten das Angebot der Saison berücksichtigen und viele verschiedene Sorten auswählen.

Reistag

An diesem Tag gibt es drei Reisgerichte, die aus ungeschältem Reis (auch Vollreis genannt) hergestellt werden. Es empfiehlt sich, die Rohreismenge von 130 g bereits am Vortag in der dreifachen Wassermenge aufquellen zu lassen, damit die Zubereitung an diesem Tag schnell und einfach erfolgen kann. Nachdem der Reis gar ist, wird er auf einem Sieb abgegossen, mit kaltem Wasser abgespült und nach dem Abtropfen im Kühlschrank gelagert.

Zum Frühstück gibt es eine Reis-Frucht-Speise, mittags ein Reis-Gemüse-Gericht und am Abend einen Reissalat.

Beispiel:

Frühstück:
120 g gegarter Reis
Saft 1 Orange
¼ Apfel
¼ Birne
½ Orange
Süßstoff, Zitrone, Zimt
oder Vanille

*Früchte würfeln
alle Zutaten mischen,
abschmecken und servieren*

Mittag: Reispfanne
150 g gegarter Reis
 50 g Zucchini
   1   Tomate
   1   Paprikaschote, gelb
Petersilie, Pfeffer
1 TL Öl

*In einer beschichteten Pfanne
das Öl erhitzen,
zuerst das Gemüse anschmoren,
dann den Reis zugeben,
würzen und servieren.*

Abendessen: Reissalat
120 g gegarter Reis
 50 g Magerjoghurt
1 TL   Sonnenblumenöl
einige Zwiebelwürfel
Essig, Kräuter, Gewürze

*Zu einem
Dressing verrühren.*

 20 g Kopfsalat
 40 g Gurke
 10 g Mais
   1   Tomate

*Gemüse vorbereiten,
mit dem Reis mischen
und mit dem Dressing
servieren.*

Für alle,
die viel unterwegs sind

Auch Fast Food kann gesund sein

Fast Food sind Speisen, die sich für ein Essen auf die Schnelle eignen. Dazu gehören Pommes Frites an der Imbißbude, ein Dönerkebab im türkischen Imbiß, aber auch ein Apfel vom Markthändler, die Buttermilch aus dem Reformhaus oder das vorbereitete Käsebrötchen für die Schulpause. Das Angebot an Fast Food-Speisen ist ungeheuer vielfältig.

Die Anzahl der eingenommenen Fast Food-Mahlzeiten ist in den letzten Jahren stark angestiegen. Experten sagen eine Fortsetzung des Trends voraus. Die Gründe hierfür sind
– die steigende Zahl der 1- bis 2-Personenhaushalte
– die zunehmende Berufstätigkeit der Frauen
– die steigende Mobilität der Menschen.

Fast Food ist praktisch, weil es spontan verfügbar ist, wenn uns der Appetit überfällt. Leider finden wir in solchen Momenten oft keine gesunden Lebensmittel vor und greifen zu dem, was angeboten wird. Die meisten dieser Speisen sind zu fettreich, zu energiereich, zu ballaststoffarm, haben keinen großen Sättigungswert und liefern kaum Vitamin- und Mineralstoffe. Besonders unangenehm sind die Auswirkungen der fettreichen Mahlzeiten für diejenigen, die anschließend noch leistungsfähig sein möchten. Dabei macht es keinen Unterschied, ob wir körperliche oder geistige Leistungen vollbringen müssen. Da Fett von allen Nährstoffen am längsten im Magen liegt, ist der Körper mit der aufwendigen Fettverbrennung beschäftigt und unsere Leistungsfähigkeit sinkt beträchtlich ab. Daher ist es empfehlenswert, sich seine Fast Food-Mahlzeiten von zu Hause mitzunehmen und bewußt zu frischen, vollwertigen und fettarmen Produkten zu greifen.

Leichte Fast Food-Rezepte

Rohkost mit Kichererbsen-Dip

Gemüse z.B.: Möhren, Gurken, Paprika, Radieschen, Fenchel waschen, putzen und in mundgerechte Stücke schneiden.

Dazu: Kichererbsendip (siehe S. 191)
Er enthält neben Eiweiß viel Vitamin B_6 und Zink und beugt so Müdigkeit, Konzentrationsschwäche und Nervosität vor.

Vollkornbrötchen mit Frischkäseaufstrich (siehe S. 180)
Als Garnitur einige Gemüsewürfel verwenden oder ein Salatblatt.
Die Käsecreme liefert wertvolles Eiweiß. Das Vollkornbrötchen viele B-Vitamine, die wichtig sind für Nerven, Haut und Schleimhäute. Die Ballaststoffe sorgen für eine lange Sättigung und wir können uns auf andere Dinge konzentrieren.

Obstsalat (siehe S. 153)

Nudelsalat (siehe S. 123) dazu ein vegetarisches Würstchen oder einen Bratling

Kartoffelsalat (siehe S. 38) dazu ein hartgekochtes Ei

Getränke nicht vergessen: z.B. Mineralwasser, Fruchtsäfte, Buttermilch, Kaffee, Tee

Achten Sie auf gut schließende Gefäße, damit die Nahrungsmittel unterwegs geschützt sind und nichts auslaufen kann. In den warmen Monaten sorgt eine Kühltasche dafür, daß alles frisch und appetitlich bleibt.

Die Single-Küche

Sie kochen für sich alleine?
Wie schön, Sie haben die Möglichkeit nach Ihren ganz persönlichen Vorlieben zu kochen.

Es gibt Menschen, die meinen, es sei zu aufwendig für 1 Person zu kochen, aber das muß nicht sein. Mit etwas Planung und einer geschickten Vorratshaltung ist die Single-Küche schnell und einfach.

Ein schön gedeckter Tisch, eventuell mit einer Kerze verleiht Ihrer Mahlzeit eine angenehme Atmosphäre. Genießen Sie Ihr Essen in Ruhe und schlagen Sie erst anschließend die Zeitung auf.

Sollten Sie Lust auf ein aufwendiges Essen oder ein mehrgängiges Menü haben, so verabreden Sie sich mit Freunden zum gemeinsamen Kochen. Es bringt viel Spaß. Jeder kümmert sich um eine andere Komponente des Essens und anschließend wird gemeinsam gespeist. Selbstverständlich ist hierbei allerdings auch, daß anschließend gemeinsam abgewaschen und aufgeräumt wird. Ganz nach dem Motto: „Viele Hände schaffen rasch ein Ende".

Tips für Singles

- Es lohnt sich die Anschaffung einer Auflaufform für eine Person, damit nicht zuviel aufgetischt wird und sich keine Reste anhäufen bzw. die doppelte Portion gegessen wird.

- Überbackene Toasts sind gut geeignet und lassen der Phantasie großen Spielraum.

- Suppen lassen sich in größeren Mengen herstellen und gut ausgekühlt in einem verschlossenen Gefäß im Kühlschrank einige Tage aufheben.

- Kohlrouladen oder Bratlinge eignen sich zum Einfrieren. Am besten gleich ein paar mehr herstellen.

- Salat oder Rohkostrezepte auswählen, die aus wenigen Zutaten bestehen, damit nicht zuviel Anbruch übrig bleibt.

- Großes Gemüse z.B. Kohlköpfe oder Steckrüben planvoll einsetzen. Ein Stück für eine Rohkost verwenden. Einige Tage später aus einem weiteren Stück frisches Gemüse zubereiten, dann einen Eintopf, Auflauf, ...

- Wintergemüse sind bei kühlen Temperaturen lange lagerfähig ohne beträchtliche Vitaminverluste, Einkaufsfahrten können auf diese Weise eingeschränkt werden.

- Brot in Scheiben schneiden und einfrieren. So wird es nicht alt, läßt sich nach Bedarf auftauen und wenn es ganz schnell gehen soll: im Toaster rösten.

- Salatdressings in größeren Mengen herstellen. In einem gut verschlossenen Gefäß halten sie sich einige Tage im Kühlschrank.

- Bei Zeitmangel am Abend läßt sich der Salat durch milchsaures Gemüse ersetzen. Die Auswahl im Reformhaus ist groß. Neben Sauerkraut gibt es auch milchsauer eingelegte Bohnen, Rote Bete, Kürbisse und Mixed Picks.

Keimlinge

Keimlinge sind eine wertvolle Bereicherung des Gemüseangebotes. Während des Keimprozesses verändern sich die Inhaltsstoffe und der Nährwert steigt beachtlich.

Der Gehalt an Vitaminen und Mineralstoffen nimmt zu, die Qualität der Proteine und Fette verbessert sich. Bei Hülsenfrüchten verringert sich der Gehalt an blähenden Kohlenhydraten.

Infolge der Wasseraufnahme sinkt der Energiegehalt. Die Samen nehmen im Vergleich zum Ausgangsgewicht mehrere 100% Wasser auf.

Der Ballaststoffgehalt von Keimlingen übertrifft den der meisten Frischgemüse. Wertmindernde Inhaltsstoffe werden zum Teil abgebaut. Getreidekörner und Hülsenfrüchte z.B. Sojabohnen, Linsen, Kichererbsen enthalten Phytinsäure. Sie vermindert die Aufnahme einiger Mineralstoffe. Der Phytinsäuregehalt sinkt aber während des Keimvorganges ab, da auch diese Substanz dem Keimling als Energielieferant dient.

Keimlinge gibt es in vielen Lebensmittelgeschäften. Für alle, die wenig Zeit haben, besteht die Möglichkeit, die Keimlinge selber zu ziehen. Spezielle Keimgeräte sind in Reformhäusern und Naturkostläden erhältlich. Stattdessen können Sie aber auch ein Einmachglas für Ihre Keimlinge verwenden. (Die Anleitung für Kichererbsen-Keimlinge finden Sie auf Seite 37)

Zur Anzucht von Keimlingen eignen sich:
- Getreide: Hafer, Weizen, Roggen, Gerste, Reis, Hirse, Mais
- Hülsenfrüchte: Sojabohnen, Mungobohnen, Linsen, Erbsen, Kichererbsen, Luzerne, Bockshornklee

– sowie: Rettich, Senf, Gartenkresse, Buchweizen, Lein, Sonnenblumen, Sesam

In Reformhäusern und gut sortierten Lebensmittelgeschäften gibt es Samen zum Selberziehen von Keimlingen. Diese Samen sind chemisch nicht behandelt. Beim Kauf von Getreide ist darauf zu achten, daß es sich um gereinigte, ungebeizte und verlesene Körner handelt. Ungereinigtes Getreide könnte das giftige Mutterkorn enthalten. Es ist größer als ein Getreidekorn und schwarz. Es kann auch in Bruchstücken vorhanden sein.

Aus hygienischer Sicht ist es empfehlenswert, die Keimlinge vor dem Verzehr zu blanchieren. Keimlinge von Hülsenfrüchten müssen fünf Minuten gekocht werden.

Die Keimgefäße sind nach dem Keimvorgang gründlich mit heißem Wasser zu reinigen. Um das Wachstum von unerwünschten Bakterien oder Schimmelpilzen zu hemmen, empfiehlt es sich, die Geräte zusätzlich mit Essig auszuschwenken.

Erläuterungen zu den Rezepten

Gemüsebrühe: Im Handel als Paste oder als Pulver erhältlich, wird nach Packungsangabe mit der entsprechenden Wassermenge verrührt.

Agar-Agar: Pflanzliches Geliermittel aus Algen. Es kommt zum Einsatz wie Gelatine und kann auch durch Gelatine ersetzt werden.

Süßungsmittel: Zum Süßen eignet sich Honig oder Vollzucker. Wer Kalorien sparen möchte, kann flüssigen Süßstoff verwenden. Diabetiker können neben Süßstoff auch auf Fruchtzucker oder Sorbit zurückgreifen. Alle Süßungsmittel sollten sparsam eingesetzt werden.

Milchprodukte: Milch, Käse, Quark und Joghurt sind in unterschiedlichen Fettgehaltsstufen erhältlich. Wenn Sie Ihr Gewicht oder Ihren Cholesterinspiegel senken möchten, wählen Sie fettarme oder magere Produkte aus.

Biobin: Pflanzliches Bindemittel aus Johannisbrotkernmehl. Es enthält keine Kalorien und ist im Reformhaus erhältlich.

Vollzucker: Er wird aus der Zuckerrübe schonend hergestellt, so daß einige Vitamine, Mineralstoffe und Spurenelemente erhalten bleiben. Er kann wie herkömmlicher Zucker verwendet werden. Geschmacklich zeichnet er sich durch sein feines Aroma aus. Er ist im Reformhaus erhältlich.

Abkürzungen

TL = 1 gestrichenen Teelöffel
EL = 1 gestrichenen Eßlöffel
1 Meßlöffel = Das Meßlöffelchen, daß Sie in der entsprechenden Dose vorfinden, gestrichen voll.

Alle Rezepte sind, wenn nicht anders angegeben, für 4 Personen berechnet.

Das Frühstück

Eine wichtige Mahlzeit, denn sie entscheidet darüber, wie fit und leistungsfähig wir in den folgenden Stunden sind.

Natürlich soll das Frühstück Vitamine, Mineralstoffe, Eiweiß und Kohlenhydrate als Kraftspender liefern. Doch mit Fetten muß sparsam umgegangen werden, denn sie liegen sehr lange im Magen und belasten, statt fit zu machen.

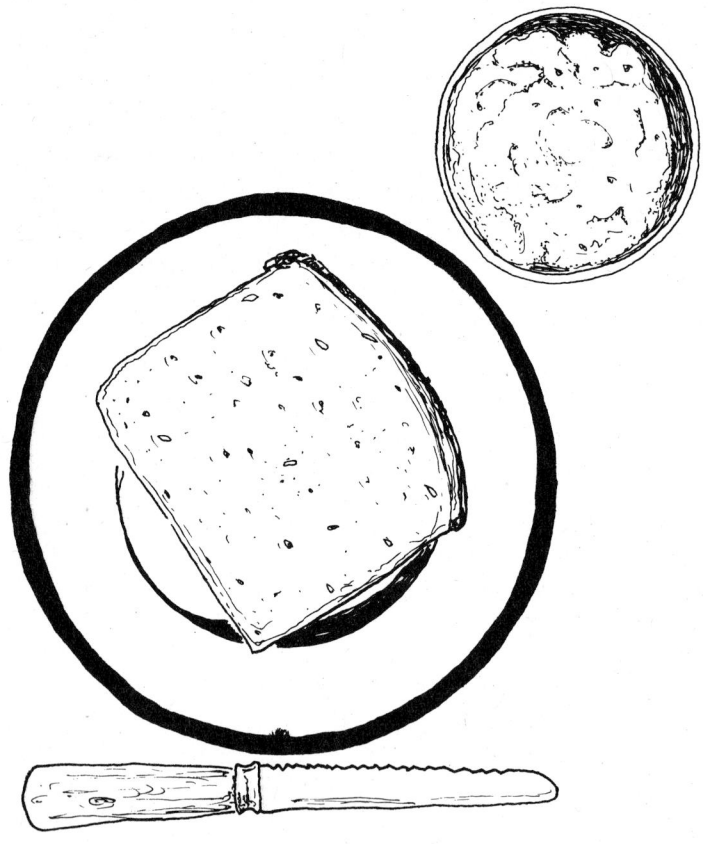

Schnelle Vollkorn-Brötchen

125 g	Magerquark	
75 ml	Milch	
75 ml	Öl	
50 g	Vollzucker	
½ TL	Jodsalz	
1	Päckchen Backpulver	
250 g	Weizenvollkornmehl	

1 Eigelb
5 EL Milch

Sesamsaat, Mohn
oder Sonnenblumenkerne

Mit dem Knethaken des Handrührgerätes zu einer glatten Masse verkneten. 10 Brötchen formen und auf ein mit Backpapier belegtes Blech legen.

Verrühren und die Brötchen damit bestreichen,

nach Belieben mit den Körnern bestreuen und bei

180° C 20 Minuten backen.

Hafer-Rührei

4 EL	feine Haferflocken	
4 EL	Milch	

Die Haferflocken mit der Milch begießen und 5 Min. quellen lassen.

4	Eier	
2 EL	gehackten Schnittlauch	
½ TL	Jodsalz	
1	Prise Pfeffer	

Die übrigen Zutaten zu der Haferflocken-Milch-Mischung geben und mit einem Schneebesen gut verrühren.

1½ EL Öl

In einer Pfanne erhitzen, die Eiermasse hinzugeben, wenn sie auf dem Pfannenboden dicklich wird, vorsichtig umrühren. Diesen Vorgang wiederholen, bis die gesamte Eimasse gar ist.

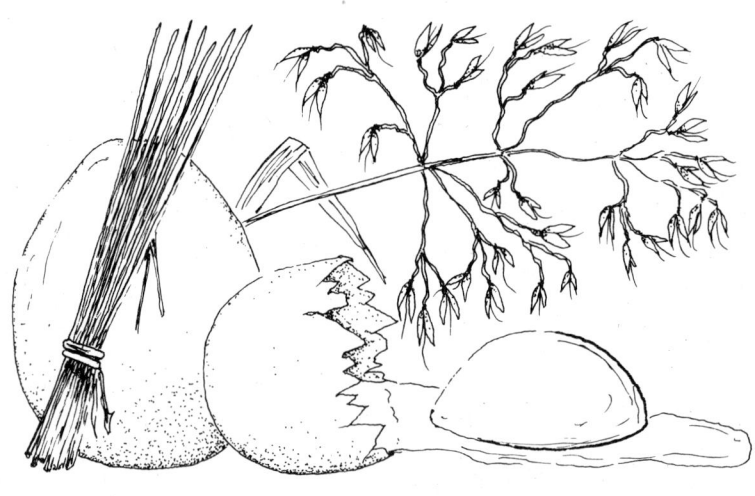

Buchweizengrütze mit Milch

1 l	Wasser	*Das Wasser mit dem Jodsalz*
½ TL	Jodsalz	*zum Kochen bringen,*
200 g	Buchweizengrütze	*die Buchweizengrütze hinein-*
		schütten und unter Rühren
		bei kleiner Hitze 10 Minuten
		ausquellen lassen.
		Auf tiefen Tellern anrichten.
4 EL	Vollzucker	*Mischen und über die*
1 TL	Zimt	*Grütze streuen.*
½ l	frische Vollmilch	*Die Grütze mit der Milch*
		umgießen.

Frühstücksquark

250g	Magerquark	*Alle Zutaten miteinander verrühren.*
5 EL	Milch	

Petersilie, Dill, Kresse
(gewaschen und gehackt)
Jodsalz, Pfeffer

1	kleine Zwiebel	*Die Zwiebel fein würfeln und unter den Quark rühren, abschmecken.*

Weizenmüsli mit Joghurt

10 EL	Weizen	*Am Vorabend die Weizenkörner schroten, mit dem Wasser verrühren und abgedeckt kühl stellen.*
150ml	kaltes Wasser	

Saft	1 Zitrone	*Zitronensaft und Honig mit dem Weizenbrei verrühren. Apfel und Birne gut waschen, vom Kerngehäuse befreien und genau wie die Banane in kleine Stücke schneiden und unter das Müsli heben*
1	Banane	
1	Birne	
1	Apfel	
1 EL	Honig	

2	Becher Natur-Joghurt	*Über das Müsli geben und servieren.*
2 EL	gehackte Walnußkerne	

Franzbrötchen

250 g	Weizenvollkornmehl	
130 g	Weizenmehl Typ 1050	
1 Tüte	Hefe	
1 TL	Jodsalz	
200 ml	lauwarmes Wasser	

40 g zerlassene Margarine

1 TL Zimt
50 g Vollzucker
50 g gemahlene Nüsse

Hefeteig herstellen, an einem warmen Ort etwa 20 Min. gehen lassen. Nochmals durchkneten, zu einem Rechteck (50 x 60 cm) ausrollen.

Gleichmäßig auf dem Teig verstreichen.

Vermischen, auf den Teig streuen. Teig von der breiten Seite her fest aufrollen. Etwa 3 cm dicke Scheiben von der Rolle abschneiden und von oben mit einem Kochlöffelstiel flach drücken.
Auf ein mit Backpapier ausgelegtes Backblech legen, 20 Min. gehen lassen
Bei 180° C 20 Min. backen.

Walnuß-Quark

250 g Magerquark
6 EL Milch
1 EL Walnußöl
1 EL Walnußmus
2 gehackte Walnüsse
Jodsalz, Pfeffer

Verrühren, abschmecken und zu frischen Brötchen servieren.

Energiereich:

Mit einem Fettgehalt von 64% liefern Walnüsse eine geballte Ladung Energie. 100g enthalten 670 Kalorien und 5g Ballaststoffe. Der Eiweiß- und Kohlenhydratanteil liegt jeweils bei 15%.

Sie liefern uns Vitamine der B-Gruppe, Vitamin A, E und C. Bei den Mineralstoffen sind Phosphor, Magnesium, Eisen, Fluor und Zink hervorzuheben.

Walnußöl kann durch seinen hohen Linolsäuregehalt dazu beitragen, der Arteriosklerose vorzubeugen.

Durch seinen feinen aromatischen Nußgeschmack eignet es sich hervorragend für Salate, Süßspeisen, Gebäck und Desserts.

Müslibrötchen

100 g	Rosinen	*In warmem Wasser quellen lassen. Nach 30 Min. auf ein Sieb geben und abtropfen lassen.*
500 g	Weizenvollkornmehl	*Hefeteig herstellen, Rosinen unterkneten, 30 Min. an einem warmen Ort gehen lassen. 16 Brötchen formen, auf ein mit Backpapier belegtes Blech legen, nochmals 30 Min. gehen lassen.*
2 Tüten	Hefe	
250 g	Magerquark	
150 g	Margarine	
2	Eier	
3 EL	Vollzucker	
1 EL	Zitronensaft	
½ TL	Zimt	
½ TL	Jodsalz	
5 EL	Wasser	
1	Eigelb	*Verrühren, die Brötchen damit bestreichen,*
1 EL	Wasser	
3 EL	Müslimischung	*auf die Brötchen streuen, etwas andrücken und bei 170° C 30 Min. backen.*

Keine Angst vorm Hefeteig

Für Ungeübte ist der Umgang mit Trockenhefe am einfachsten! Hefe braucht Wärme, keine Hitze! Keine Kälte!

Der Teig muß kräftig geknetet werden, von Hand, mit dem Knethaken des Handrührgerätes oder mit dem Knethaken der Küchenmaschine.

1. Alle trockenen Zutaten in eine Schüssel mischen (Mehl, Hefe, Salz, Zucker, Kräuter und Gewürze).

2. Die flüssigen Zutaten (Wasser, Milch, Buttermilch, Öl oder Margarine) gemeinsam leicht erwärmen. Die richtige Temperatur ist dann erreicht, wenn Sie einen Finger in die Flüssigkeit halten und es als angenehm warm empfinden. Ziehen Sie den Finger sofort wieder zurück, weil die Flüssigkeit zu heiß geworden ist, darf sie noch nicht weiterverarbeitet werden, sondern muß wieder etwas abkühlen.

3. Die lauwarme Flüssigkeit zu den trockenen Zutaten geben und verkneten, bis ein geschmeidiger Teig entstanden ist.

4. Den Teig warm stellen, am besten im Backofen, mittlere Einschubleiste, bei 50 Grad Celsius.
Die Schüssel mit einem Geschirrtuch abdecken, um den Teig vor Zugluft zu schützen.
Nach 30 Minuten den Teig herausnehmen.

5. Nochmals durchkneten, Brot oder Brötchen formen, auf ein mit Backpapier belegtes Backblech oder in eine mit Backpapier ausgelegte Form geben.

6. Wieder in den leicht erwärmten Ofen stellen und weitere 30 Minuten gehen lassen, Hefeteig herausnehmen, den Backofen auf Backtemperatur (180 oder 200 Grad Celsius) vorheizen.

7. Sobald die Backtemperatur erreicht ist, Brot oder Brötchen hineinschieben und nach Rezeptangabe backen!

Schwarze Johannisbeeren-Sauerkirschen-Konfitüre

500 g	schwarze Johannisbeeren	*Waschen und von den Stengeln befreien.*
550 g	Sauerkirschen	*Waschen und entsteinen.*
1 kg	Gelierzucker aus Rohrohrzucker	*Den Gelierzucker gemeinsam mit den vorbereiteten Früchten in einen großen Kochtopf geben. Unter ständigem Rühren zum Kochen bringen und 3 Min. sprudelnd kochen lassen Noch heiß in vorbereitete Gläser füllen und den Schraubdeckel fest verschließen.*

Aprikosenkonfitüre — kalorienarm
— ohne Zucker

1 kg	Aprikosen	*Die Aprikosen waschen, entsteinen und mit dem Wasser zum Kochen bringen. 10 Minuten kochen lassen, dann pürieren.*
200ml	Wasser	
1	gehäufter TL Agar-Agar	*Agar-Agar, ausgekratzte Vanilleschote und Honig zum Fruchtpüree geben. Unter Rühren zum Kochen bringen, 2 Minuten kochen lassen und noch heiß in vorbereitete Gläser füllen.*
1	Vanilleschote	
4 EL	Honig (oder entsprechende Menge flüssigen Süßstoff)	

Zuckerreduzierte Aufstriche sollten nach Anbruch im Kühlschrank aufbewahrt werden. Da sie zu wenig des konservierend wirkenden Zuckers enthalten, sollten sie innerhalb von 2 Monaten verbraucht werden.

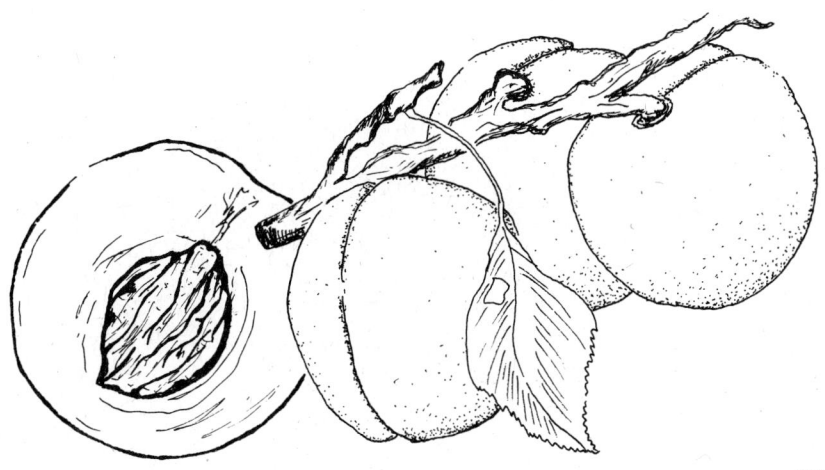

Rohkost und Salate

Sie eignen sich als Vorspeise, Beilage oder auch als Hauptgericht z.B. an warmen Sonnentagen, dann allerdings in einer etwas größeren Portion.

Durch den niedrigen Kaloriengehalt tragen sie zu einer schlanken Figur bei. Die vielen Vitamine und Mineralstoffe halten uns gesund, und die Ballaststoffe sorgen für eine geregelte Verdauung.

Außerdem stecken große Mengen sekundärer Pflanzenstoffe darin.

Das bringt Spaß! Kichererbsenkeimlinge selber ziehen

Sie benötigen dazu ein Einmachglas, ein Stück Kunststoffgare und ein Gummiband, um das Glas zu verschließen.

Wichtige Voraussetzungen für den Keimvorgang sind Wärme, Feuchtigkeit, Sauerstoff und Licht. Am besten gedeihen die Keimlinge bei einer Temperatur von 18–22° C. Deshalb ist die Küche ein idealer Standort, allerdings sollte das Glas mit dem Keimgut nicht in der prallen Sonne stehen.

Und so geht es:

1. Die Kichererbsen waschen, zerbrochene Exemplare dabei aussortieren, dann in der dreifachen Wassermenge 10–12 Stunden quellen lassen (am besten über Nacht).

2. Die Kichererbsen mitsamt der Einweichflüssigkeit auf ein Sieb gießen, mit kaltem Wasser gut abspülen, abtropfen lassen und dann wieder in das Einmachglas geben. Das Glas mit der luftdurchlässigen Kunststoffgare und dem Gummiband verschließen.

3. Diesen Wässerungsvorgang jeden Morgen und Abend wiederholen.

4. Nach 3 Tagen sind die Kichererbsenkeimlinge erntereif. Vor dem Verzehr müssen sie 5 Minuten in kochendes Wasser gegeben werden. Sie schmecken frisch geerntet am besten und enthalten dann auch die meisten wertvollen Inhaltsstoffe. Luftdicht verpackt lassen sie sich aber auch 2–3 Tage im Kühlschrank aufbewahren.

Kartoffelsalat mit Kichererbsenkeimlingen

500 g	Pellkartoffeln	*20 Min. garen, pellen, abkühlen lassen und in dünne Scheiben schneiden.*
4	Tomaten	*Waschen und achteln.*
80 g	Kichererbsenkeimlinge	*5 Min. in kochendes Wasser geben, dann auf einem Durchschlag abtropfen lassen.*
	gemischte frische Kräuter (z.B.: Basilikum, Dill, Estragon, Liebstöckel, Petersilie, Rosmarin, Salbei, Schnittlauch)	*Waschen, abtropfen lassen, fein schneiden und zu den übrigen Zutaten geben.*

Dressing:

2	kleine Zwiebeln	*Die Zwiebeln schälen, fein würfeln und in der kochenden Gemüsebrühe 3 Minuten garen.*
100 ml	Gemüsebrühe	
4 EL	Kräuteressig	*Mit der Zwiebel-Brühe-Mischung verrühren, über den Salat geben und vor dem Servieren ca. 1 Stunde durchziehen lassen.*
1 EL	Senf	
2 EL	Öl	
Saft ½ Zitrone		
Jodsalz, Pfeffer		

Rote Bete-Salat mit Mandarinen

600g	Rote Bete (ca. 2 Knollen)	*In reichlich kochendem Wasser ca. 50 Min. garen. Rote Bete abgießen, kalt abspülen und schälen. In Spalten schneiden und abkühlen lassen.*

Marinade:
50 ml Orangensaft
3 EL Obstessig
2 EL Öl
1 gepreßte Knoblauchzehe
Pfeffer, frische Kräuter

Verrühren, abschmecken und über die Rote Bete geben.

2 Mandarinen

Die Mandarinen schälen und von den weißen Häuten befreien. Rote Bete Spalten und Mandarinenspalten auf Salat-Schälchen anrichten.

4 Blätter grünen Salat

Zur Garnierung verwenden.

Vorsicht – Rote Bete färbt!
Praktisch: zum Schälen und Verarbeiten Einweg-Handschuhe anziehen.

Orangensalat mit Minze

4	große Orangen	*Orangen schälen, von den Häuten und Kernen befreien und jede Orangenspalte vierteln.*
100 g	schwarze Oliven	*Die Oliven entkernen und vierteln.*
1	rote Zwiebel	*Die Zwiebel abziehen, halbieren und in feine Ringe schneiden.*
1 Bund	frische Minze	*Waschen und fein zerschneiden.*

Dressing:
1 EL Olivenöl
2 EL Zitronensaft
½ TL Jodsalz
1 Prise Pfeffer

Verrühren und mit den Salatzutaten vermischen.

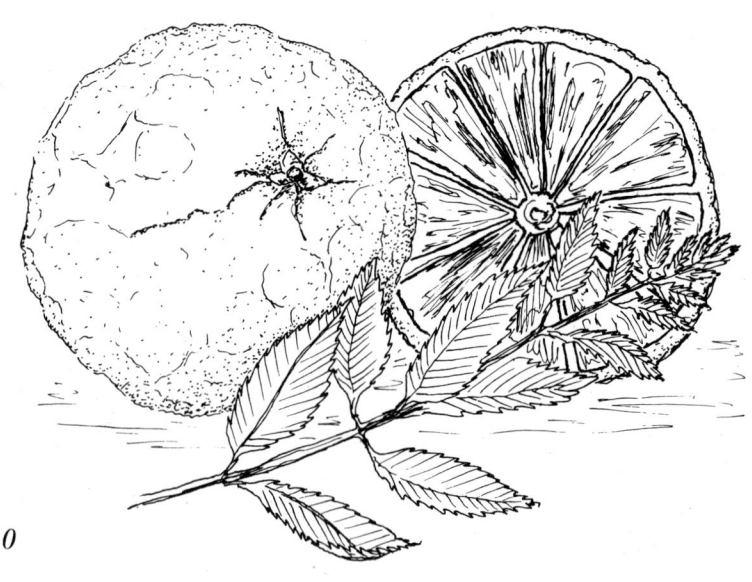

Blumenkohlsalat mit Heidelbeerdressing

1	Blumenkohl	*Waschen, in Röschen zerteilen und bißfest garen.*
8–10	Blätter Eisbergsalat	*Waschen, abtropfen lassen, in Salatschälchen geben, die Blumenkohlröschen darauf anrichten.*

Dressing:

100 g	Heidelbeeren	*Mit dem Pürierstab mixen,*
100 g	Magerjoghurt	*abschmecken und über die*
50 g	Majonnaise 30 % Fett	*Blumenkohlröschen geben.*
Jodsalz, Pfeffer		

frische Kresse		*Zur Garnierung*
4 TL	Sonnenblumenkerne	*des Salats verwenden.*
4 TL	Heidelbeeren	

Erfrischungssalat

½	Eisbergsalat
2	Äpfel
2	Bananen
4	Tomaten
1 Glas	Senfgurken (300g)

Eisbergsalat vierteln, vom Strunk befreien, in feine Streifen schneiden, waschen und abtropfen lassen. Senfgurken würfeln, Äpfel und Tomaten waschen und kleinschneiden, Bananen der Länge nach halbieren und in ½ cm breite Scheiben schneiden.

1 Bund Dill
1 Bund Schnittlauch

Waschen, fein schneiden, zu den restlichen Zutaten geben.

3 EL Essig
1 EL Öl
1 EL Wasser
etwas Flüssigkeit der Senfgurken
Pfeffer, etwas Süßstoff

Verrühren, über den Salat geben, etwas ziehen lassen.

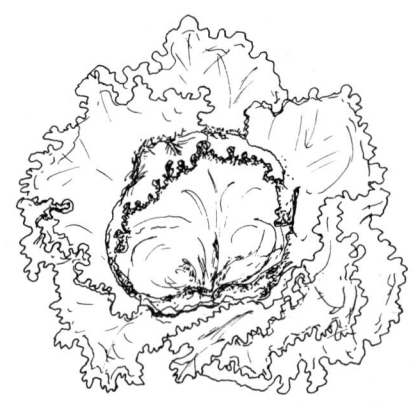

Porree-Rohkost

2	mittlere Stangen Porree	*Gründlich waschen und in feine Streifen schneiden.*
2	Becher Magerjoghurt (300g)	*Mit einem Schneebesen glatt rühren.*
1 40 g	feingewürfelter Apfel Rosinen (ca. 1 Stunde in Apfelsaft einweichen, dann abgießen)	*Die abgetropften Rosinen und die Apfelstücke in den Joghurt geben und alles mit dem Porree vermischen.*

Delikater warmer Rosenkohlsalat

600 g ½ l	Rosenkohl Gemüsebrühe	*Den Rosenkohl 15 Minuten in der Brühe garen.*
3 EL 4 EL 1 TL etwas Pfeffer	Essig Öl Jodsalz	*Mit dem Schneebesen verrühren, über den Rosenkohl geben, an warmer Stelle des Herdes durchziehen lassen (5–10 Min.), abschmecken,*
1 kleine feingewürfelte Zwiebel 4 EL vom Kochsud		
2 EL	Schnittlauch	*mit Schnittlauch bestreut servieren.*

Kennen Sie Kichererbsen?

Die Kichererbsen gehören zur Gruppe der Hülsenfrüchte und sehen aus wie kleine, trockene, helle Haselnüsse.

Sie werden in den warmen Ländern rund ums Mittelmeer, sowie in Südamerika, Indien und Pakistan angebaut.

Ihr spezielles, nußartiges Aroma, der Gehalt an hochwertigem Pflanzeneiweiß, sowie die vielseitigen Verwendungsmöglichkeiten machten sie zu einem beliebten Lebensmittel.

Es gibt zahlreiche köstliche Rezepte für Suppen, Eintöpfe, Salate, Dips oder gebratene Kichererbsen als gesunde Schleckerei. Allerdings sollten Sie bei der Planung der Gerichte die lange Garzeit berücksichtigen. Da die Kichererbsen sehr hart sind, benötigen sie 12 Stunden Einweichzeit und anschließend eine Garzeit von 2½–3 Stunden. Für schnelle Gerichte sind deshalb die gekochten Kichererbsen in Konservendosen gut geeignet.

An wertvollen Inhaltsstoffen haben die Kichererbsen uns einiges zu bieten. Die, in ihnen enthaltenen 20 % Eiweiß haben einen hohen Anteil lebensnotwendiger Aminosäuren. Weiterhin enthalten sie 60 % Kohlenhydrate und 5 % Fett. Bei den Mineralstoffen ist der Gehalt an Kalium, Magnesium, Phosphor, Kalzium und Eisen besonders hoch. Die Vitamine A, B und E sind in den Kichererbsen reichlich enthalten.

Sojanudelsalat mit Kichererbsen

4–6 Portionen

100 g	Kichererbsen	*Die Kichererbsen über Nacht in 1 l Wasser quellen lassen.*
2 TL	gekörnte Gemüsebrühe	*Die gekörnte Gemüsebrühe hinzugeben, aufkochen lassen und 40 Min. garen. In einem Sieb abtropfen lassen.*
100g	Mandelstifte	*In einer trockenen Pfanne unter gelegentlichem Rühren rösten.*
200g	Sojanudeln (Spirelli)	*In kochendem Wasser 8 Min. garen, danach in einem Sieb mit kaltem Wasser übergießen und abtropfen lassen.*
3	Mandarinen	*Schälen und von den weißen Häuten befreien.*
80g	Mais (Konserve)	*In mundgerechte Stücke zerteilen.*

Salatsoße:
250g   Joghurt
100g   Quark
100g   Sahne
Saft einer ½ Zitrone
1 TL   Jodsalz
Curry, Pfeffer

Alle Zutaten zu einer Salatsoße verrühren, die vorbereiteten Zutaten hineingeben, unterheben, abschmecken und vor dem Servieren 1–2 Stunden ziehen lassen.

Zuckerschoten-Erbsen-Salat

250g	Zuckerschoten	*Das Wasser zum Kochen*
250g	Erbsen	*bringen, das Gemüse hinein-*
1 l	Wasser	*geben und 5 Min. kochen lassen,*
		dann auf einem Sieb abtropfen
		lassen.

100g   Frühlingszwiebeln

Die Frühlingszwiebeln putzen, waschen und in feine Ringe schneiden.

Dressing:
1   Stück frische Ingwerwurzel (ca. 25g)
Saft 1 Zitrone
3 EL   Öl
Jodsalz, Pfeffer
½ TL   flüssigen Honig (z.B. Orangenblütenhonig)
1 EL   Currypulver

Die Ingwerwurzel schälen und fein reiben, sofort mit den übrigen Zutaten verrühren und über das vorbereitete Gemüse geben.

1 Bund Koriandergrün

Waschen, abtropfen lassen und zur Garnierung des Salates verwenden.

Gemischter Salat

ca. ½ Kopfsalat
1 Bund Radieschen
½ Salatgurke
1 gelbe Paprikaschote
200 g Kirschtomaten

Die Salatblätter waschen und gut abtropfen lassen. Das übrige Gemüse waschen, die Radieschen waschen, die Gurke in halbe Scheiben schneiden, die Paprika in Streifen schneiden und die Kirschtomaten ganz lassen.

Dressing:
4 EL Essig
4 EL Öl
1 EL Kräutersenf
frische feingehackte Kräuter:
Thymian, Oregano, Rosmarin

Verrühren, über den Salat geben, vorsichtig vermischen, und servieren.

Kürbis-Apfel-Rohkost

2	Becher Joghurt (á 150 g)	*Mit einem Schneebesen cremig rühren.*
1 EL	Haselnußöl	
Saft 1 Zitrone		
Jodsalz, Chinagewürz		
Ingwer		

750 g Kürbis
250 g Äpfel

Den Kürbis und die Äpfel schälen und von den Kernen befreien. Beides grob raspeln und sofort mit der Salatsoße mischen.

50 g   gehackte Haselnüsse

Die gehackten Nüsse unter den Salat geben.

Linsen-Salat

100g	Linsen	*Linsen über Nacht einweichen,*
½ l	Wasser	*abgießen, mit frischem Wasser*
1 TL	Gemüsebrühe	*und Gemüsebrühe aufkochen*
		und 30 Min. garen.
		Auf ein Sieb geben und
		abtropfen lassen.
1	gelbe Paprikaschote	*Gemüse waschen, putzen*
1	Möhre	*und in Streifen schneiden.*
1	Porreestange	

Dressing:

2 EL	Essig	*Zu einem Dressing verrühren*
2 EL	Öl	*und mit den übrigen Zutaten*
1 TL	Senf	*vermischen.*
½ TL	Jodsalz	

Pfeffer
frisch gehackte Petersilie

Rettich in Pfeffersoße

1	großer Rettich	Waschen, schälen, der Länge nach halbieren und in Scheiben schneiden.
1 100 g Jodsalz 1 EL	Becher Natur-Joghurt süße Sahne grüner Pfeffer	Verrühren und über die Rettichscheiben geben.
100 g 1 4	Blauschimmelkäse rote Zwiebel Blättchen frischen Basilikum	Den Käse würfeln, die Zwiebel in feine Ringe schneiden, den Basilikum gut abspülen, dann den Salat mit diesen Zutaten garnieren.

Rote-Bete-Rohkost

1	mittelgroße Rote Bete (ca. 300 g)	Rote Bete und Apfel gründlich waschen und grob raspeln.
1	Apfel	Die Zwiebel schälen und
1	kleine Zwiebel	fein raspeln.
1 TL	Obstessig	Verrühren und mit den
1 TL	Sonnenblumenöl	restlichen Zutaten
1 TL	flüssiger Honig (z.B. Heidehonig)	vermischen.

Kohlrabisalat mit Kräutersoße

2	Kohlrabi	*Schälen, vierteln, in Scheiben schneiden und 3 Minuten in kochendes Wasser geben. Abgießen und etwas abkühlen lassen.*
200 g	Spinat	*Waschen und verlesen.*
4 EL	Essig	*Zu einer Marinade verrühren.*
4 EL	Öl	
1 TL	Jodsalz	
Pfeffer		
½ TL	Vollzucker	
je 1 Bund	Dill, Petersilie, Schnittlauch	*Die frischen Kräuter waschen, kleinschneiden und mit den anderen Zutaten verrühren.*

Rote-Bete-Salat

1	Rote Bete	*Schälen, würfeln, garen,*
100 g	Sellerie	*etwas abkühlen lassen.*

100 g	Senfgurken	*Würfeln*
1	Apfel	

150 g	Joghurt	*Verrühren, abschmecken,*
50 g	Majonnaise, 30 % Fett	*mit dem Gemüse vermischen.*
4 EL	Gurkenwasser	
Jodsalz, Pfeffer,		
frische Kresse		

50 g	Walnußhälften	*Zur Garnitur des Salates verwenden.*

Tomaten-Oliven-Salat

500 g Kirschtomaten   *Die Tomaten waschen und halbieren.*

100 g grüne Oliven   *Die Oliven zu den Tomaten geben.*

Dressing:
3 EL   Olivenöl   *Verrühren und über*
3 EL   Essig   *den Salat geben.*
Jodsalz, Pfeffer

1 Bund Basilikum   *Das gewaschene Basilikum fein schneiden und unter den Salat heben.*

Spargelsalat

800 g	Spargel	Den Spargel schälen, in mundgerechte Stücke schneiden und 10 Minuten garen.
200 g	Erbsen	Die Erbsen 8 Minuten garen.
4	Eier	In 8 Minuten hart kochen, abschrecken, abpellen und in Sechstel schneiden.
150 g	Majonnaise (30 % Fett)	Verrühren und abschmecken.
150 g	Magerjoghurt	
1 TL	Senf	
Pfeffer, Jodsalz		
einige Blätter Eisbergsalat		Die Eisbergblätter waschen, grob zerpflücken und auf 4 Salatschälchen verteilen. Erbsen und Spargel mischen und hineingeben, mit der Salatsoße begießen und mit den Eispalten garnieren.

Eichblattsalat mit Grapefruit

1 Kopf	Eichblattsalat	Den Salat putzen, waschen, abtropfen lassen und in mundgerechte Stücke zerpflücken.
1	rosa Grapefruit	Die Grapefruit filitieren und zu dem Salat geben.
100 ml	Apfelsaft	Zu einer Salatsoße verrühren und über den Salat geben.
Saft 1 Zitrone		
1 EL	Öl	
Jodsalz, Pfeffer		
1 EL	gehacktes Basilikum	

Radieschensalat

3 Bund	Radieschen	Die Radieschen waschen und putzen, dann von der Blüte bis zum Stengel halbieren.
3	Frühlingszwiebeln (oder 1 Stange Porree)	
4 EL	Essig	Die Frühlingszwiebeln waschen, putzen und in feine Ringe schneiden.
2 EL	Öl	
½ EL	Sojasoße	Die restlichen Zutaten zu einem Dressing verrühren und über das Gemüse geben.
Pfeffer, Tabasco		

Gurkensalat

Saft von 2 Zitronen
1 TL   Wasser
1 TL   Öl
Jodsalz, Pfeffer
frischen Dill
(oder frische Petersilie)
Süßstoff

In eine große Schüssel geben und mit einem Schneebesen verrühren.

1   kleine Zwiebel

Die Zwiebel fein würfeln und ins Dressing geben.

2   Salatgurken

Waschen, mit dem Sparschäler schälen und mit einer Gurkenreibe dünne Scheiben, direkt ins Dressing, reiben. Durchmengen, 20 Min. ziehen lassen.

Chicoréesalat mit Nüssen

2	Stauden Chicoree	*Die äußeren Blätter entfernen, der Länge nach halbieren, vom Strunk befreien, in feine Streifen schneiden, waschen und auf einem Sieb abtropfen lassen.*
2	Apfelsinen	*Die Apfelsinen schälen, die weiße Haut sorgfältig entfernen, in Spalten teilen und die Spalten vierteln.*

Dressing:
1	Becher Magerjoghurt (150 g)	*Verrühren und mit dem Chicorée und den Apfelsinen vermischen.*
4 EL	Haselnußmus	
2 TL	flüssigen Honig	
2 EL	gehackte Haselnüsse	*Vor dem Servieren mit den Haselnüssen bestreuen.*

Rote-Linsen-Salat

200 g	rote Linsen	
1	Zwiebel	
2	Knoblauchzehen	
200 g	Möhren	
6	Tomaten	
1 TL	Öl	

Knoblauch und Zwiebel fein würfeln, in heißem Öl anschwitzen, abgespülte Linsen hinzugeben, mit ½ l Gemüsebrühe auffüllen, 8 Min. garen, dann abgießen, kalt abspülen. Möhren und Tomaten waschen, putzen und kleinschneiden, mit den übrigen Zutaten vermischen.

Joghurtsoße:
150 g Magerjoghurt
1 EL Mayonnaise (30 % Fett)
Saft ½ Zitrone
1 TL Öl
Pfeffer

*Verrühren, abschmecken, über den angerichteten Salat geben.
Mit frischer Minze garnieren.*

Garnitur:
frische Minze oder Feldsalat

Fruchtige Rotkohlrohkost

| 250 g | Rotkohl | *Rotkohl und Zwiebel* |
| 1 | kleine Zwiebel | *fein raspeln.* |

½ TL Jodsalz
Saft 1 Zitrone
1 Prise Pfeffer
1 EL Honig

Verrühren, über den Rotkohl geben und 24 Stunden abgedeckt im Kühlschrank ziehen lassen.

1 Apfel
1 Apfelsine
1 Banane

Waschen, schälen, kleinschneiden und unter den Rotkohl geben.

50 g Sultaninen
10 Walnußhälften

Mit den übrigen Zutaten vermischen und servieren.

Weißkohlrohkost

500 g	Weißkohl	*Die äußeren Blätter entfernen, vom Strunk befreien und feinschneiden.*

2 EL	Obstessig	*Verrühren, zum Kohl geben*
4 EL	Sonnenblumenöl	*und mit dem Knethaken*
1 TL	Jodsalz	*der Küchenmaschine 15 Min.*
1 TL	Senf	*kräftig durchkneten.*
1	Messerspitze Pfeffer	
½ TL	Honig	
½ TL	gemahlenen Kümmel	

1	Apfel	*Waschen, vierteln, vom Kerngehäuse befreien, grob raspeln und unter den Weißkohl geben.*

Zwiebelsalat

2	große Gemüsezwiebeln	*Schälen, halbieren und in feine Streifen schneiden.*
½ Tasse	Kräuteressig	*In einen kleinen Topf geben,*
½ Tasse	Wasser	*verrühren, aufkochen lassen*
2 EL	Honig	*und über die Zwiebeln gießen.*
2 TL	Süßstoff	*1 Tag ziehen lassen, dabei gelegentlich umrühren. Die Zwiebeln auf ein Sieb geben und abtropfen lassen.*
2 EL	saure Sahne	*Verrühren, über die Zwiebeln*
4 EL	Magerjoghurt	*geben und vermischen.*
Pfeffer		

Steckrübenrohkost

Saft 1 Zitrone
3 EL Öl
2 EL Honig
1 Prise Pfeffer
1 Prise Jodsalz

Zu einer Soße verrühren.

500 g Steckrübe
2   Äpfel

Die Steckrübe waschen, schälen und fein reiben, die vorbereiteten Äpfel grob raspeln und beides sofort in die vorbereitete Soße geben.

evtl. 50–80 ml süße Sahne

Sollte die Steckrübe einen zu herben Geschmack haben, so ziehen Sie zum Schluß süße Sahne darunter.

Sauerkraut macht fit

Früher nahmen die Seefahrer immer eine Ladung Sauerkraut mit an Bord, um auf der langen Fahrt vor der Vitamin-C-Mangelkrankheit Skorbut geschützt zu sein.

Heute stehen uns im Winter viele Lebensmittel zur Verfügung, die reichlich Vitamin C liefern, trotzdem ist der Vitamin-C-Gehalt von Sauerkraut beachtenswert. Mit einer Portion Sauerkraut (200 g) decken wir schon die Hälfte des von der Deutschen Gesellschaft für Ernährung empfohlenen Tagesdosis.

Zusätzlich liefert uns das Sauerkraut beachtliche Mengen an Kalium und Kalzium. Die darin enthaltene Milchsäure und die Ballaststoffe sorgen für eine gute Verdauung.

Und das alles bei nur 20 Kalorien pro 100 g!

Tip:
Frisches Sauerkraut, das Sie im Reformhaus lose kaufen können, wurde nicht pasteurisiert und weist dadurch einen noch besseren Vitamin- und Mineralstoffgehalt auf.

Tropischer Sauerkrautsalat

500 g	Frischkost-Sauerkraut	*Das Sauerkraut kleinschneiden,*
2	Zwiebeln	*die Zwiebeln fein hacken,*
2	Möhren	*die Möhren und Äpfel raspeln.*
2	Äpfel	*Die Mango schälen, vom Kern*
1	Mango	*befreien und würfeln.*

100 g	Sultaninen	*Die Sultaninen 30 Min. im*
50 ml	Apfelsaft	*Apfelsaft quellen lassen.*
Saft 1 Zitrone		*Zitronensaft, Honig und*
1 EL	Akazienhonig	*Petersilie hinzugeben, mit dem*
gehackte Petersilie		*Salat verrühren und vor*
		dem Servieren ca. 30 Min.
		kalt stellen.

Möhrenrohkost mit Ingwer

600 g frische junge Möhren	*Putzen, waschen, und grob raspeln.*
Saft 1 Zitrone 1 EL Honig 1 EL Öl (z.B. Haselnußöl) 1 Prise Jodsalz	*Verrühren und zu den Möhren geben.*
1 Stück frische Ingwerknolle	*Schälen, fein reiben und unter die Rohkost heben.*

Maissalat

1	grüne Paprikaschote	*Waschen, längs halbieren,*
1	rote Paprikaschote	*von den Stielansätzen, Rippen und Kernen befreien, nochmals abspülen, zunächst in dünne Streifen, dann in Würfel schneiden.*
1	Apfel	*Lauwarm abwaschen, abtropfen lassen, vierteln, vom Kerngehäuse befreien und die Apfelstücke würfeln.*
400 g	Maiskörner (Konserve)	*Den Mais abtropfen lassen und zu den Paprikawürfeln und den Apfelwürfeln geben.*
1 Bund	Schnittlauch	*Waschen, kleinschneiden, hinzugeben.*

Dressing:

5 EL	Grapefruitsaft (frischgepreßt)	*Verrühren, über die Salatzutaten geben.*
2 EL	Maiskeimöl	*Etwas ziehen lassen,*
½ TL	Jodsalz	*dann servieren.*
½ TL	flüssigen Honig	

Grüner Bohnensalat

500 g   junge grüne Bohnen
1   Zwiebel
1 Bund Bohnenkraut

*Die Bohnen waschen und
die Stielansätze entfernen.
Die Zwiebel schälen
und fein würfeln.
Das Bohnenkraut abspülen.
Alles zusammen 10 Min. garen.
Anschließend das Bohnkraut
entfernen.*

3 EL   Essig
3 EL   Öl
1 TL   Senf
½ TL   Vollzucker
Jodsalz, Pfeffer
gehackte Petersilie

*Zu einer Marinade verrühren,
über das warme Gemüse geben
und ca. 1 Stunde
durchziehen lassen.*

Blumenkohl-Broccolisalat

300 g Broccoli
300 g Blumenkohl
½ l Gemüsebrühe

Das Gemüse waschen, in Röschen zerteilen und 6–7 Min. in der Gemüsebrühe garen. Das Gemüse abgießen, von der Brühe 200 ml aufheben, um sie für die Marinade zu verwenden.

200 ml Gemüsebrühe
3 EL Essig
1 EL Öl
1 EL Senf
½ TL Honig
Jodsalz, Pfeffer, Muskat

Zu einer Marinade verrühren, über das Gemüse geben und 20 Minuten ziehen lassen.

Käsesalat mit blauen Trauben

100 g	Gouda Käse	*Käse und Apfel würfeln.*
1	Apfel	*Die Trauben halbieren*
250 g	blaue Trauben	*und entkernen.*
3 EL	Maiskörner	

¼ Chinakohl — *In feine Streifen schneiden.*

Dressing:

4 EL	Traubenkernöl	*Zu einer Soße verrühren,*
3 EL	Obstessig	*abschmecken und über den*
1 TL	Akazienhonig	*Salat geben.*
Jodsalz, Pfeffer		

Keimlings-Salat mit Champignons

1 Tasse	Mungobohnenkeimlinge	*Die Keimlinge mit kochendem Wasser übergießen.*
1 Tasse	Linsenkeimlinge	
1 Tasse	Sonnenblumenkeimlinge	

4	Tomaten	*Waschen und in Scheiben schneiden.*
100 g	Champignons	

Soße:
Saft 1 Zitrone
1 EL Sojasoße
3 EL Öl
Jodsalz, Pfeffer

Verrühren und über den Salat geben

1 EL gehackte Pistazien

Zur Garnierung des Salates verwenden.

Neue Soßen

Für viele Menschen ist die Soße das i-Tüpfelchen einer Mahlzeit. Leider sind übliche Soßen oft fettreich und somit auch kalorienreich. Hier ist eine Auswahl neuer Soßenrezepte.

Sie sind
– einfach und schnell hergestellt
– fettarm
– vitamin- und mineralstoffreich
– ein Genuß!

Die Soße besteht aus **Gemüse**; ohne Mehl; ohne Soßenbinder.
Z.B. aus Zwiebeln, Porree, Möhren, Sellerie, Broccoli, Blumenkohl, Kürbis, Tomate, Zucchini, ...

Zubereitung:

Gemüse waschen, putzen und in grobe Würfel schneiden. Wenig Öl in einen Kochtopf erhitzen, Gemüsewürfel hinzugeben und 5 Min. von allen Seiten etwas bräunen, dann mit Gemüsebrühe (Wasser mit Gemüsebrühpulver verrührt) aufgießen. Das Gemüse sollte mit Flüssigkeit bedeckt sein. Ca. 20 Minuten garen, dann mit dem Pürierstab des Handrührgerätes pürieren, mit Kräutern, Gewürzen und etwas Jodsalz abschmecken.

Evtl. etwas Milch oder Soja cremig neutral hinzugeben.

Rezeptvorschläge

Einfache Tomatensoße
1 Dose geschälte Tomaten
Jodsalz, Pfeffer, Paprika
Oregano, Basilikum, Thymian
1–2 Tropfen flüssigen Süßstoff

Sellerie-Walnuß-Soße
250 g   Sellerie
1   Knoblauchzehe
50 g   Zwiebel
250 ml   Gemüsebrühe
1 EL   Walnußmus
50 ml   Milch
2 EL   gehackte Walnüsse
Jodsalz, Pfeffer, Kräuter der Provence,
einige Blätter frisches Sellerielaub
(oder getrocknetes Sellerielaub)

Scharfe Blumenkohlsoße
300 g   Blumenkohl
250 ml   Gemüsebrühe
50 ml   Milch
1–2 TL   frisch geriebenen Meerrettich
Jodsalz, Pfeffer, frischen Schnittlauch

Pikante Senfsoße
300 g   Kohlrabi
250 ml Gemüsebrühe
50 ml   Milch
2–3 TL mittelscharfer Senf
1   Messerspitze Honig, Pfeffer, Jodsalz, frischer Dill

Deftige Zwiebelsoße
300 g   Gemüsezwiebeln
250 ml Gemüsebrühe
50 ml   Milch
1 TL   Parmesan
Jodsalz, gemahlenen Kümmel, frischen Rosmarin

Orientalische Möhrensoße
250 g   Möhren
1   Knoblauchzehe
50 g   Zwiebeln
300 ml Gemüsebrühe
Jodsalz, Pfeffer, Curry, Curcumae, Cumin, Chili, Paprika, frischen Korbel

Rote-Bete-Soße
200 g   Rote Bete
100 g   Rote Zwiebeln
300 ml Gemüsebrühe
1 TL   Kräuteressig
Jodsalz, Pfeffer, Koriander gemahlen, frisches Korianderkraut

Zitronensoße
300 g   Schwarzwurzeln
250 ml   Gemüsebrühe
50 ml   Milch
Jodsalz, Zitronenpfeffer,
1–2 EL   Zitronensaft,
frische Zitronenmelisse

Grüne Kapernsoße
200 g   Zucchini
100 g   Lauch
250 ml   Gemüsebrühe
50 ml   Kapernflüssigkeit
2 EL   Kapern
Jodsalz, Pfeffer, frische Petersilie

Süß-saure-Currysoße
250 g   Kürbis
300 ml   Gemüsebrühe
Jodsalz, Curry, Curcumae,
2–3   Tropfen flüssigen Süßstoff
50 g   Pfirsichwürfel

Suppen und Eintöpfe

Sie erfreuen sich immer großer Beliebtheit, da für die Zubereitung nur ein Topf benötigt wird und es geschmacklich fast unendliche Variationsmöglichkeiten gibt.

Bunter Bohneneintopf

200 g	Pintobohnen	*Über Nacht einweichen,*
1½ l	Wasser	*dann im Einweichwasser*
		zum Kochen bringen und
		45 Min. garen.
2 EL	Öl	*Das Gemüse waschen, putzen*
2	Zwiebeln	*und in Scheiben schneiden.*
2	Möhren	*Champignons und Porree in*
2	Zucchini	*feine Ringe schneiden.*
1	Stange Porree	*Das Öl in einem Kochtopf*
250 g	Champignons	*erhitzen, die Zwiebeln darin*
1 l	Gemüsebrühe	*anschwitzen, das restliche*

Gemüse dazugeben,
mit der Gemüsebrühe auffüllen
und 8–10 Min. köcheln lassen.

Sobald die Pintobohnen gar sind,
diese mit einer Schaumkelle
aus dem Wasser nehmen und
zum restlichen Gemüse geben.

Jodsalz, Pfeffer, Oregano,   *Würzen, abschmecken und*
Bohnenkraut, Thymian, Majoran   *servieren.*

Pintobohnen sind braun gesprenkelt und haben daher ein lustiges Aussehen. In ihrer Kocheigenschaft und im Geschmack unterscheiden sie sich kaum von den roten Bohnen.

Südamerikanische Kürbissuppe

2	Zwiebeln	*Die Zwiebeln schälen, würfeln*
2	EL Öl	*und im erhitzten Öl anschwitzen.*

200 g Kürbisfleisch   *Das Kürbisfleisch grob würfeln und dazugeben.*

Jodsalz, Pfeffer,
1   Lorbeerblatt
1   kleines Stück Ingwerwurzel
½   Zimtstange
1 l Gemüsebrühe

Hinzugeben und im geschlossenen Topf 20 Minuten garen. Dann die Zimtstange und das Lorbeerblatt entfernen.

Die Suppe pürieren.

60 g Maiskörner
1   rote Paprikaschote
      (gewaschen und gewürfelt)

Zur Suppe geben,

Chili, Tabasco

mit Chili und Tabasco nach Belieben würzen und abschmecken.

Selleriecremesuppe mit Nußbällchen

1 kg	Sellerie (geputzt)
1	Stange Porree
2 EL	Öl
1	gewürfelte Zwiebel
1	gepreßte Knoblauchzehe
1½ l	Gemüsebrühe

Muskat, Pfeffer, Majoran, frische Petersilie
100 g Soja cremig neutral

Sellerie waschen und würfeln. Porree waschen und in feine Ringe schneiden. Zwiebelwürfel, Knoblauch und Porree in heißem Öl anbraten, Gemüsebrühe hinzugeben, Selleriestücke hineingeben, würzen, etwa 20 Min. köcheln lassen. Mit dem Pürierstab des Handrührgerätes pürieren, Soja cremig neutral unterrühren, nochmals abschmecken und dann servieren.

Nußbällchen:

50 g	gemahlene Haselnüsse
90 g	Dinkelmehl
1	Ei
40 g	Margarine

Gemüsebrühe, Pfeffer, frischen Schnittlauch

Verkneten, mit den Händen kleine Klößchen rollen, in siedendes Wasser geben, 10 Min. auf kleiner Hitze gar ziehen lassen. (Die Klöße sind gar, wenn sie im Topf nach oben steigen.)

Kartoffelcremesuppe mit Champignons

1	Stange Porree	*Porree der Länge nach ein-*
2	Knoblauchzehen	*schneiden, gründlich waschen,*
2 EL	Öl	*in feine Ringe schneiden,*
		Knoblauch pressen, beides in
		Öl anschwitzen.

750 g Kartoffeln *schälen, würfeln, zum Gemüse geben.*

1 l Gemüsebrühe *aufgießen und ca.*
Pfeffer, Muskat *15 Min kochen, würzen.*

80 g Soja cremig neutral *unterrühren, abschmecken, evtl. nachwürzen*

250 g frische Champignons *waschen, blättrig schneiden,*
2 EL Öl *in heißen Öl braten, in die Suppe geben.*

frische Petersilie *Mit frischer Petersile garniert servieren.*

Rote Linsensuppe mit Curry

1	gewürfelte Zwiebel	*Öl erhitzen,*
1 EL	Öl	*Zwiebeln und Knoblauch*
1	gehackte Knoblauchzehe	*darin anschwitzen.*

1 EL	Currypulver	*Hinzugeben,*
½ TL	Paprika, edelsüß	*kurz anschwitzen.*
¼ TL	Kreuzkümmel	
½ TL	Jodsalz	
½ TL	gemahlenen Pfeffer	
4 EL	Tomatenmark	
1 l	Gemüsebrühe	*Hinzugießen.*

250 g rote Linsen — *Einstreuen, aufkochen, bei schwacher Hitze 45 Min. garen. Evtl. etwas Brühe zugießen.*

1 EL Rosinen — *Einstreuen.*

gehackte Petersilie — *Vor dem Servieren über die Suppe streuen.*

Bohnensuppe mit Nudeln

200 g	getr. Bohnen	*Die Bohnen mit Wasser bedeckt über Nacht einweichen. Im Einweichwasser 1 Stunde weich kochen, dann auf einem Sieb abtropfen lassen.*
1 2 4 EL	Zwiebel Knoblauchzehen Öl	*Zwiebel und Knoblauchzehen pellen und fein würfeln. Das Öl in einem großen Topf erhitzen, Zwiebel- und Knoblauchwürfel darin glasig dünsten.*
250 g	Tomaten	*Die Tomaten häuten, würfeln und zu den Zwiebelwürfeln geben.*
1½ l 1 TL ¼ TL	Gemüsebrühe Jodsalz Pfeffer	*Mit der Gemüsebrühe auffüllen, würzen und aufkochen lassen.*
100 g	Vollkorn-Spiralnudeln	*Die Nudeln hinzugeben, 15 Min. bißfest garen, dann die Bohnen in die Suppe geben, abschmecken, evtl. nachwürzen.*
1 Bund 2 EL	frisch gehackte Petersilie frisch geriebener Parmesankäse	*Vor dem Servieren mit der Petersilie und dem Parmesan bestreuen.*

Feine Brotsuppe

4	Scheiben Mehrkornbrot	*Das Brot würfeln und im*
1 EL	Öl	*heißen Öl von allen Seiten rösten.*

2	Zwiebeln	*Zwiebeln und Knoblauch*
2	Knoblauchzehen	*würfeln und im heißen Öl*
1 EL	Öl	*glasig dünsten.*

1 Bund Suppengemüse   *Waschen, putzen, kleinschneiden*
(oder 800 g tiefgefrorenes   *und zu den Zwiebeln geben.*
Suppengemüse)

1 l   Gemüsebrühe   *Aufgießen, ¾ der Brotwürfel hinzugeben, 10 Min. kochen lassen. Mit dem Pürierstab des Handrührgerätes pürieren.*

Pfeffer, Muskat   *Zum Abschmecken verwenden.*
100 g   Soja cremig neutral

½ Bund frischen Schnittlauch   *Waschen und fein schneiden.*

Vor dem Servieren die Suppe mit den Brotwürfeln und den Schnittlauchröllchen garnieren.

Möhrensuppe mit Grünkernklößchen

500 g	geputzte Möhren	*Gemüse waschen, putzen*
1	Stange Porree	*und in Öl anschmoren.*
1 EL	Öl	

1 l	Gemüsebrühe	*Hinzugeben, 20 Min. köcheln lassen. Mit dem Pürierstab pürieren.*

30 g	geriebener Käse	*Unterrühren,*
Pfeffer, Zitronensaft		*abschmecken.*
50 g	Soja cremig neutral	

Grünkernklößchen:

70 ml	kochendes Wasser	*Das Grünkernschrot in das*
50 g	Grünkernschrot	*kochende Wasser geben,*
Gemüsebrühe, Pfeffer, Muskat		*10 Min. quellen lassen, Gewürze hinzugeben.*

1	Ei	*Unterrühren.*

Mit 2 Teelöffeln Klöße abstechen, bei schwacher Hitze ca. 5 Min. ziehen lassen.

Frischer Kerbel oder Petersilie

Die Suppe mit frischem Kerbel oder frischer Petersilie garnieren.

Litauische Sommersuppe

150 ml Buttermilch 150 ml Milch 350 ml Rote-Bete-Saft Jodsalz, Pfeffer, ½ TL Vollzucker	*Verrühren, abschmecken, evtl. nachwürzen.*
150 g frische Gurke 150 g Rote Bete (Konserve) 1 hartgekochtes Ei	*Würfeln, in die Suppe geben.*
frischen Schnittlauch	*Feingeschnitten über die Suppe streuen.*

Apfelsuppe mit Haferflocken

250 g Äpfel 50 g Haferflocken 1 l Wasser Saft 1 Zitrone ca. 50 g Vollzucker	*Äpfel waschen, schälen, vom Kerngehäuse befreien und in Scheiben schneiden. Mit dem Wasser, dem Zitronen- saft und den Haferflocken zum Kochen bringen. Auf kleiner Flamme 15 Min. ausquellen lassen. Mit Vollzucker abschmecken und warm servieren.*

Kürbiscremesuppe

600 g	Kürbisfruchtfleisch	*Zwiebelwürfel in heißem Öl*
1	gewürfelte Zwiebel	*andünsten, Kürbis hinzugeben.*
1 EL	Olivenöl	

700 ml Gemüsebrühe

*Aufgießen, ca. 15 Min.
köcheln lassen,
mit dem Pürierstab pürieren.*

50 g   Soja cremig neutral
1 EL   Zitronensaft
Jodsalz, Pfeffer, Curry,
Ingwer, Safran

*Unterrühren,
abschmecken, evtl. nachwürzen.*

3 EL   Kürbiskerne

*In einer trockenen Pfanne rösten,
dann die Suppe damit garnieren.*

Sauerkrautsuppe

800 ml Gemüsebrühe
300 g geschälte Kartoffeln
400 g Frischkost-Sauerkraut

Die Gemüsebrühe aufkochen, die Kartoffeln hineinreiben, das kleingeschnittene Sauerkraut hinzugeben, 10 Min. köcheln lassen. Mit einem Schneebesen kräftig durchrühren, damit die Suppe sämig wird.

Pfeffer, Paprika,
gemahlener Kümmel

Würzen und abschmecken.

100 g Soja cremig neutral
1 Bund frisch gehackte Petersilie

Die Suppe mit Soja cremig legieren und vor dem Servieren mit der gehackten Petersilie bestreuen.

Dazu Vollkornbrot reichen!

Rote-Bete-Suppe

600 g	Rote Bete	
1	Zwiebel	
2 EL	Öl	

Rote Bete und Zwiebeln schälen, würfeln, Öl erhitzen, Zwiebelwürfel glasig dünsten, Rote-Bete-Würfel hinzugeben.

700 ml Gemüsebrühe

Mit der Gemüsebrühe auffüllen, im geschlossenen Topf bei kleiner Hitze 30 Min. garen.

Pfeffer, Jodsalz,
2 EL Meerrettich

Mit dem Pürierstab pürieren, würzen und abschmecken.

100 g saure Sahne

Mit saurer Sahne garniert servieren.

Zwiebelsuppe

800 g	Zwiebeln (ohne Schale)	*Zwiebeln halbieren und in feine Ringe schneiden, im heißen Öl anbraten, bis die Zwiebeln leicht gebräunt sind, Gemüsebrühe aufgießen und bei kleiner Hitze fünf Min. kochen lassen.*
2 EL	Öl	
1 l	Gemüsebrühe	

2 TL Curry
Pfeffer, frische Petersilie

Zum Abschmecken der Suppe verwenden.

1 Apfel

Den Apfel waschen, vierteln, in feine Stücke schneiden und vor dem Servieren über die Suppe streuen.

Fliederbeersuppe mit Grießklößchen

1 l	Fliederbeersaft (Holunderbeersaft)	*Saft mit den Gewürzen aufkochen.*
1	Stange Zimt	
5	Nelken	
Schale einer unbeh. Zitrone		

2	Äpfel	*Schälen, entkernen, in feine Scheiben schneiden, zum Saft geben und ca. 5 Minuten darin garen.*

30 g	Puddingpulver (Vanille)	*Verrühren, in den kochenden Saft geben, aufkochen lassen und von der Kochstelle nehmen.*
5 EL	Wasser	

Saft 1 Zitrone		*Zur Suppe geben, abschmecken, evtl. nachwürzen. Gewürze entfernen.*
80 g	Vollzucker	

Klöße:

125 ml	Milch	*Milch aufkochen, Grieß einstreuen und so lange rühren bis sich die Masse kloßartig vom Topfboden löst. Topf von der Kochstelle nehmen und die Masse etwas abkühlen lassen.*
65 g	Vollgrieß	

1	Ei	*Untermengen und mit 2 Teelöffeln Klöße abstechen und in siedendes Wasser geben. Klöße nicht kochen lassen, sie sind gar, wenn sie oben schwimmen. Die Klöße zur Suppe servieren.*
1 EL	Vollzucker	

Vegetarische Hauptgerichte

Immer öfter werden vegetarische Gerichte gegessen.

Nicht nur wegen des Gesundheitswertes, sondern ganz einfach weil sie besonders schmackhaft sind!

Schafskäse im Pergament-Päckchen

4	Zwiebeln	Zwiebeln abziehen, halbieren und in feine Streifen schneiden. Oliven, Olivenöl, Pfeffer und Thymian unterrühren.
100 g	entsteinte schwarze Oliven	
2 EL	Olivenöl	
Pfeffer, Thymian		
2	Tomaten	Waschen und in Scheiben schneiden.
500 g	Schafskäse	In 4 Scheiben schneiden.
4	Bögen Pergamentpapier	Nebeneinander legen, die vorbereitete Gemüsemischung gleichmäßig auf die Mitte des Papiers legen, jeweils 1 Scheibe Schafskäse darauflegen,
4	eingelegte Peperoni	die Peperoni und die Tomatenscheiben darauflegen.
4	Zweige frischen Thymian	Mit auf den Käse legen, dann die Pergamentbögen wie Butterbrote einpacken, auf ein Backblech legen und bei 180° C 30–40 Minuten backen.

Vorteile des Garens in Pergamentpapier:

Der Eigengeschmack, die Vitamine und Mineralstoffe sowie die Farbe der Lebensmittel bleiben sehr gut erhalten.

Es ist eine fettarme Zubereitungsmethode. Auf Vorlieben einzelner Essensteilnehmer kann sehr gut eingegangen werden.

Übrigens ist es eine sehr umweltschonende Zubereitungsart, im Vergleich zu Alufolie oder Bratenschlauch, die häufig in ähnlicher Weise verwendet werden.

Päckchen haben immer etwas mit Überraschung zu tun. Für eine gute Stimmung am Essenstisch ist hiermit also gesorgt.

Überbackener Fenchel

4	Fenchelknollen	*Waschen, halbieren, den Strunk entfernen und in wenig Flüssigkeit ca. 10 Min. dünsten. Aus dem Wasser nehmen und in eine ofenfeste Form geben.*
3	Tomaten	*Waschen, würfeln und auch in die Form geben.*

150 ml Milch
2 Eier
4 EL Haferflocken
Jodsalz, Pfeffer,
feingehacktes Fenchelkraut
gehackte Petersilie

Verrühren und über das Gemüse geben.

120 g Butterkäse

Würfeln und über die restlichen Zutaten geben.

Bei 180° C 20 Minuten backen.

Gemüse-Pastete

2	Zwiebeln	
2 EL	Öl	
300 g	Champignons	

Die Zwiebeln würfeln und im heißen Öl glasig dünsten, dann die gewaschenen und halbierten Champignons hinzugeben und weitere 5 Minuten schmoren.

200 g Bohnen
200 g Erbsen
200 ml Wasser
Jodsalz, Pfeffer, Bohnenkraut

Bohnen und Erbsen im kochenden Salzwasser garen. Das Kochwasser für die Soße aufheben. Das Gemüse mischen, würzen und in eine Auflaufform geben.

Soße:
200 ml Gemüsewasser
300 ml Milch
2 Meßlöffel Biobin
Jodsalz, Pfeffer

Verrühren, aufkochen, würzen, abschmecken und über das Gemüse gießen.

Pastetenteig:
1 gekochte und gepreßte Kartoffel (60–80 g)
25 g Margarine
50 g Frischkäse
50 g Haferflocken
100 g Weizenvollkornmehl
2 EL Wasser
1 Ei
Jodsalz

Zu einem glatten Teig verkneten, ausrollen und auf das Gemüse legen.

Bei 180° C 30 Minuten backen.

Tip:
1 Ei
3 EL Milch

Verrühren und vor dem Backen die Pastete damit bestreichen. Dann glänzt sie schön.

Kürbisauflauf

600 g	Kürbisfleisch	*Das Kürbisfleisch würfeln*
½ l	Gemüsebrühe	*und in der Brühe garen.*

2	Zwiebeln	*Die Zwiebeln schälen und*
80 g	gehackte Haselnüsse	*würfeln und mit den Haselnüssen*
3 EL	Öl	*im erhitzten Öl bräunen*

Schale von 1 ungespritzten Zitrone, *Die Gewürze hinzugeben.*
Jodsalz, Pfeffer, Muskat, Zimt

200 g	Weizenvollkornmehl	*Verrühren und mit den*
4	Eier	*übrigen Zutaten vermischen.*

*Die Kürbismasse in gefettete
Törtchenformen oder
Muffinbleche geben und im
vorgeheizten Ofen bei*

180° C 30–40 Minuten backen.

Buntes Spargelragout

750 g	Spargel	*Waschen, schälen und in Stücke schneiden.*
250 g	Möhren	
¼	Spitzkohl (ca. 250 g)	*Vom Strunk befreien und in Stücke schneiden.*
2	Zwiebeln	*Pellen und fein würfeln.*
4 EL	Reformhaus-Margarine	*Erhitzen, zuerst die Zwiebelwürfel darin glasig dünsten, dann die Möhren hinzugeben, weitere zwei Minuten dünsten, dann die Spargelstücke und den Spitzkohl hinzugeben.*
200 ml	Gemüsebrühe	*Aufgießen, das Gemüse im geschlossenen Topf 15 Minuten garen, dann von der Kochstelle nehmen.*
1–2 Meßlöffel Biobin		*Biobin einrühren, kurz aufkochen lassen.*
Jodsalz, Pfeffer		*Würzen und abschmecken.*
1 EL	Estragonessig	
½ TL	Vollzucker	
gehacktes Estragon		

Das Ragout in einem Schaum-Omelett servieren!

4 Schaum-Omeletts:

8	Eier	*Eier trenen. Eiweiß steif schlagen.*
2 EL	Zitronensaft	*Zitronensaft und Eigelb unterziehen.*
4 EL	Weizenmehl Type 1050	*Unterheben.*
Jodsalz, Pfeffer, Muskat		*Zum Würzen verwenden.*
Etwas Sonnenblumenöl		*In eine Pfanne geben, erhitzen, ¼ der Omelettmasse hineingeben, zugedeckt bei schwacher Hitze 15 Minuten stocken lassen.*

Die ersten Omeletts warm halten, bis alle fertig sind.

Petersilienpizza (2 Pizzen)

Hefeteig:

350 g	Weizenmehl (Typ 1050)
1	Tüte Trockenhefe
1 TL	Vollzucker
1 TL	Jodsalz
30g	zerlassene Margarine
200ml	lauwarmes Wasser

Alle Zutaten zu einem geschmeidigen Teig verkneten. Zugedeckt an einem warmen Ort 30–40 Min. gehen lassen. Erneut durchkneten, in zwei Portionen teilen, flache Fladen formen und auf ein mit Backpapier ausgelegtes Backblech legen.

Belag:

2	Knoblauchzehen
1 Bund	Frühlingszwiebeln
2 EL	Öl

Knoblauchzehen pressen, Frühlingszwiebeln in feine Ringe schneiden, dann beides im heißen Öl dünsten.

200 g	Frischkäse
200 g	Magerquark
150 g	glatte Petersilie (fein gehackt)
3	Eier
Jodsalz, Pfeffer, Muskat	

Verrühren, mit den Frühlingszwiebeln vermischen und die vorbereiteten Pizzaböden damit belegen.

Im vorgeheizten Ofen bei 180° C 35–40 Minuten backen.

Eier im Liebstöckel-Nest

Kartoffelbrei:

500 g Kartoffeln	*Schälen, waschen, garen, abgießen und durch die Kartoffelpresse geben.*
125 ml heiße Milch 25 g Margarine Jodsalz, Pfeffer, Muskat	*Hinzufügen, den Topf auf die Kochstelle setzen und gut verrühren, dann abschmecken.*
2 Blätter feingehacktes Liebstöchel	*Unter den Kartoffelbrei rühren.* *Den Kartoffelbrei in einen Spritzbeutel mit großer Tülle geben und auf ein mit Backpapier belegtes Backblech 4 doppelte Kartoffelbreiringe spritzen.*
4 Eier	*Die Eier aufschlagen und in jedes Kartoffelnest ein Ei gleiten lassen.* *Im vorgeheizten Ofen bei 180° C 8–10 Minuten stocken lassen.*

Menü-Tip:
Zu diesem Gericht grüne Bohnen und einen gemischten Salat servieren!

Makkaroni mit Basilikumsoße

500 g	Vollkornmakkaroni	*Die Makkaroni in das kochende*
2 l	kochendes Wasser	*Wasser geben, ab und zu*
1 Prise	Jodsalz	*umrühren, nach ca. 15 Minuten*
etwas	Olivenöl	*auf ein Sieb geben,*

mit lauwarmem Wasser abspülen, abtropfen lassen, in Olivenöl schwenken, in eine vorgewärmte Schüssel geben und mit der Soße servieren.

Soße:

2	gepreßte Knoblauchzehen	*Gemüsewürfel in heißem*
1	feingewürfelte Zucchini (ca. 200 g)	*Öl dünsten,*
3 EL	Olivenöl	

200 g	Broccoli
400 ml	Gemüsebrühe
Jodsalz, Pfeffer	

Broccoli und heiße Gemüsebrühe hinzugeben und garen. Dann mit dem Pürierstab pürieren, bis eine sämige Soße entstanden ist. Würzen, abschmecken.

1 Bund frisch gehacktes Basilikum
einige entsteinte Oliven

Basilikum und Oliven zum Schluß unterrühren.

Gefüllte Champignons

400 g Champignons	*Die Champignons waschen, den Stiel entfernen und auf ein mit Backpapier ausgelegtes Backblech setzen.*

Füllung:
100 g Schafskäse
100 g Magerquark
50 g   Zwiebeln, fein gewürfelt
Kräuter und Gewürze
(z.B. Pfeffer, Paprika, Schnittlauch, Basilikum, Petersilie)
100 g Gouda, dünne Scheiben

Alle Zutaten gut verrühren.
und kräftig abschmecken.
Die Masse in die Champignons füllen und mit einem Stückchen Gouda belegen.

Bei 180 °C 15 Minuten backen.

Buchweizenpfannkuchen

100 g	Buchweizenmehl	*Mit dem elektrischen*
100 g	Weizenvollkornmehl	*Handrührgerät zu einem*
1 TL	Backpulver	*Teig verrühren.*
300 ml	Buttermilch	
4	Eier	
½ TL	Vollzucker	
½ TL	Jodsalz	

2–3 EL Öl

Öl in einer Pfanne erhitzen, die Pfannkuchen nacheinander von beiden Seiten goldbraun braten.

dazu: **Tomatenfüllung:**
500 g Tomaten
100 g Tomatenmark
Jodsalz, Pfeffer, Basilikum, Majoran, Oregano

Die abgezogenen und in Würfel geschnittenen Tomaten mit dem Tomatenmark und Gewürzen verrühren. Alles zusammen erhitzen und zu den Pfannkuchen reichen.

Sauerkrautstrudel   für 6 Portionen

Teig:

300 g	Weizenvollkornmehl
200 ml	lauwarmes Wasser
6 EL	Sonnenblumenöl
1 Prise	Jodsalz
80 g	zerlassene Margarine

Mehl, Wasser und Öl zu einem elastischen Teig verkneten. 10 Min. kräftig durcharbeiten. Den Teig unter einem erwärmten Topf 20 Min. ruhen lassen. Den Teig auf einem bemehlten Geschirrtuch dünn ausrollen und mit der flüssigen Margarine bestreichen.

Füllung:

500 g	Frischkost-Sauerkraut
	Pfeffer, Piment
100 ml	Gemüsebrühe

Gemüsebrühe aufkochen, Sauerkraut hinzugeben, mit Pfeffer und Piment würzen und etwa 10 Min. dünsten.

150 g	eingelegter Kürbis
100 g	Räuchertofu

Den gut abgetropften Kürbis und den gewürfelten Räuchertofu unter das Sauerkraut heben.

Die Füllung auf den Teig verteilen, die Teigränder dabei freilassen. Den Strudel von der Längsseite her durch leichtes Anheben des Tuches locker zusammenrollen. Die Teigränder fest zusammendrücken. Den Strudel auf ein mit Backtrennpapier ausgelegtes Backblech gleiten lassen (mit der Naht nach unten), mit etwas flüssiger Margarine bestreichen und bei 200° C 45 Min. backen.

Kartoffelpüree mit Buttermilch

800 g	Kartoffeln	*Kartoffeln garen, pellen und durch die Kartoffelpresse geben.*
200 ml	Buttermilch	*Die Buttermilch leicht erwärmen, mit dem Kartoffelschnee verrühren und würzen.*
	Jodsalz, Pfeffer, Muskat	
2	Zwiebeln	*Die Zwiebeln pellen und in Streifen schneiden.*
250 g	Champignons	*Champignons waschen und in Scheiben schneiden.*
1 EL	Öl	*Das Öl erhitzen, das Gemüse dann dünsten und anschließend unter das Kartoffelpüree heben.*

Dazu schmecken Soja-Bratwürstchen besonders gut!

Sesamkartoffeln mit Quark und Leinöl

1 kg	Kartoffeln
1 EL	Distelöl
3 EL	Sesam

Die Kartoffeln gründlich waschen, der Länge nach halbieren, mit der Schnittfläche nach oben auf ein Backblech legen, mit dem Öl bestreichen und mit den Sesamkörnern bestreuen.

In den vorgeheizten Ofen geben und bei 180° C 40 Min. backen.

Quark:

500 g Magerquark
150 g Magerjoghurt
2 EL Leinöl
Jodsalz, Pfeffer,
1 TL Zitronensaft
frisch gehackte Kräuter

Verrühren, abschmecken und zu den Kartoffeln reichen.

Linsen-Bratlinge

150 g	Linsen	*Die Linsen über Nacht einweichen, dann in der Gemüsebrühe 45 Min. garen. Evtl. etwas Flüssigkeit hinzugeben.*
¾ l	Wasser	
etwas	Gemüsebrühe	

1	Zwiebel	*Zwiebel und Knoblauch schälen und fein würfeln. Im heißen Öl glasig dünsten.*
1	Knoblauchzehe	
1 EL	Öl	

130 g feine Haferflocken
1 Ei
3 EL Haselnußmus
Saft einer ½ Zitrone
1 TL Honig
2 TL Jodsalz
1 Messerspitze Piment
Basilikum, Petersilie

Mit den restlichen Zutaten verkneten. 6–8 cm große Bratlinge formen und in heißem Öl von beiden Seiten braten.

Béchamel-Kartoffeln

600 g	festkochende Kartoffeln	*Kartoffeln in der Schale garen, pellen und in Scheiben schneiden.*
2 EL	Margarine	*Margarine in einem großen Topf erhitzen, das Mehl zugeben und anschwitzen. Unter ständigen Rühren die Milch und die Soja Creme hinzugeben.*
2 EL	Weizenvollkornmehl	
250 ml	Milch	
100 g	Soja cremig neutral	
	Jodsalz, Pfeffer, Muskat	*Würzen, abschmecken und die Kartoffeln in die Soße geben und darin heiß werden lassen.*
	frisch gehackte Petersilie	*Vor dem Servieren die Petersilie zugeben.*

Auberginen mit Kartoffelfüllung

2 Auberginen — *Waschen, der Länge nach halbieren, das Fruchtfleisch mit einem kleinen spitzen Messer aus der Schale lösen. Das Fruchtfleisch der Auberginen würfeln.*

Füllung:
400 g Kartoffeln
200 g Möhren

Kartoffeln und Möhren schälen und würfeln.

½ l Gemüsebrühe

Aufkochen, Gemüsewürfel hineingeben und bißfest garen. Flüssigkeit abgießen.

200 g Gorgonzola
2 EL Tomatenmark
Jodsalz, Pfeffer,
Kreuzkümmel, Basilikum

Verrühren, mit dem Gemüse mischen, abschmecken, in die Auberginen geben. Bei 180° C 30 Minuten backen.

Kartoffeln mit Spinatfüllung

8 gleichmäßig große Kartoffeln (festkochend)	*Die Kartoffeln schälen und in 15 bis 20 Minuten knapp gar kochen. Die Kartoffeln abgießen, von jeder Kartoffel einen Deckel abschneiden, unten gerade schneiden, damit sie stehenbleiben und vorsichtig aushöhlen.*

Füllung:

2 Knoblauchzehen
1 EL Öl
250 g Blattspinat
Jodsalz, Pfeffer, Muskat

2 EL geriebener Parmesankäse

Frischen Spinat waschen, abtropfen lassen. Knoblauchzehen pressen, in heißem Öl andünsten, Spinat hinzugeben, 8 Minuten im geschlossenen Topf garen, würzen, abschmecken und in die Kartoffeln geben. Den Kartoffeldeckel als Hütchen aufsetzen, mit Parmesan bestreuen und bei 180° C 10 Minuten backen.

Gefüllte Tomaten

4	Fleischtomaten (à 250 g)	Die Tomaten waschen, einen flachen Deckel abschneiden und mit einem Teelöffel aushöhlen. Inneres würfeln.
2	Zwiebeln, gewürfelt	Öl erhitzen, Zwiebelwürfel und Knoblauchwürfel andünsten, Tomatenfleisch zugeben und dünsten bis die Flüssigkeit verdampft ist.
2	Knoblauchzehen, gewürfelt	
2 EL	Öl	

50 g schwarze Oliven
2 EL Kapern
einige Blätter gehacktes Basilikum
1 EL Zitronensaft

Unterheben, abschmecken.

1 Vollkornbrötchen vom Vortag

Reiben und zur Füllung geben.

120 g Mozzarella

Würfeln, unterheben.

Die Tomaten füllen und im vorgeheizten Ofen bei 180° C 10 Minuten backen.

Zucchini mit Grünkernfüllung

4 große Zucchini

Die Zucchini längs halbieren und das Fruchtfleisch herauskratzen. 3 Minuten in kochendem Wasser vorgaren. Abtropfen lassen, an der Unterseite gerade schneiden, damit die Zucchini auf dem Backblech stehen bleiben.

Füllung:
2 Zwiebeln
2 Knoblauchzehen
2 EL Olivenöl
150 g Grünkernschrot
350 ml Gemüsebrühe
Pfeffer, Kräuter, Gewürze
(Rosmarin, Basilikum)

Knoblauch und Zwiebeln fein würfeln und im heißen Öl anbraten, das Grünkernschrot hinzugeben, mit Brühe auffüllen, ca. 10 Min. ausquellen lassen, mit Kräutern und Gewürzen abschmecken.

120 g Schafskäse

Würfeln, mit der Grünkernmasse vermischen, in die ausgehöhlten Zucchini geben und bei 180° C 20 Minuten backen.

Paprika mit Sauerkrautfüllung

4	gelbe Paprikaschoten	*Paprikaschoten längs halbieren, Kerne und weiße Trennwände entfernen. Paprikahälften abspülen.*

100 g Buchweizen, grob geschrotet
¼ l Gemüsebrühe

Buchweizenschrot in der Gemüsebrühe etwa 20 Minuten garen.

2 EL Öl
200 g Frischkost-Sauerkraut
2 Äpfel

Öl erhitzen, Sauerkraut zugeben, Äpfel waschen, vierteln, entkernen, in Stücke schneiden und zum Sauerkraut geben, ca. 5 Minuten dünsten.

3 EL saure Sahne
Curry, Pfeffer, Jodsalz,
frischer Schnittlauch

Mit dem Sauerkraut und dem ausgequollenen Buchweizenschrot vermischen, abschmecken, in die vorbereiteten Paprikaschoten geben, in eine Auflaufform setzen und im vorgeheizten Ofen bei 180° C 30 Minuten garen.

Spinatauflauf mit Schafskäse

800 g	Spinat	
2	Zwiebeln	

Den Spinat waschen, abtropfen lassen und in 1cm breite Streifen schneiden. Die Zwiebeln schälen und grob würfeln. Das Gemüse in wenig Flüssigkeit 8–10 Min. garen. Das Gemüse auf einem Durchschlag abtropfen lassen.

30 g Reformhaus-Margarine
40 g Weizenvollkornmehl
30 ml Milch
Jodsalz, Pfeffer, Muskat

Mehlschwitze herstellen, kräftig würzen, das Gemüse hineingeben, verrühren und in eine mit Öl ausgepinselte Auflaufform geben.

200 g Schafskäse

Würfeln und über den Auflauf streuen, dann bei 180° C 40 Minuten backen.

Dazu Fladenbrot reichen!

Rote-Bete-Auflauf

2	Rote Bete (ca. 600 g)	
1	Zucchini	
1	Zwiebel	
1 Bund frischer Schnittlauch		

Pfeffer, Jodsalz

250 g Quark
4 EL Milch
3 Eier

80 g Gouda

Rote Bete waschen, schälen und grob raspeln. Die Zucchini waschen und in 1 cm große Würfel schneiden. Die Zwiebel schälen und fein hacken. Den Schnittlauch waschen und fein schneiden. Das Gemüse mischen und mit Pfeffer und Jodsalz pikant abschmecken.

Verrühren, unter das Gemüse heben und in eine eingefettete Auflaufform geben.

Den Käse raspeln und über den Auflauf streuen.

Die Auflaufform in den vorgeheizten Backofen geben und bei 170° C 45 Min. backen.

Spaghetti mit Möhrensoße

Für die Nudeln:
1 l   Wasser
½ TL   Jodsalz
1 EL   Olivenöl
250 g Vollkornspaghetti

Das Wasser mit dem Salz und dem Öl aufkochen. Die Nudeln darin 10 Minuten garen, dann abtropfen lassen.

Für die Soße:
350 g Möhren
50 g   Sellerie
1 EL   Öl

Gemüse schälen und würfeln. Das Öl erhitzen, die Gemüsewürfel hineingeben und von allen Seiten anrösten.

150 ml Gemüsebrühe

Aufgießen, im geschlossenen Topf ca. 10 Min. garen, dann mit dem Pürierstab zu einer Soße verarbeiten.

Jodsalz, Pfeffer
80 g geriebenen Parmesankäse

Mit Pfeffer und Salz würzen, abschmecken, zu den Nudeln reichen und mit dem Parmesan bestreuen.

Rote Bete im Teig

3	Knollen Rote Bete	*Waschen, 5 Min. kochen, mit kaltem Wasser abspülen, dünn schälen, in 1,5 cm dicke Scheiben schneiden.*

Teig:
3 Eier
200 g Weizenvollkornmehl
200 ml Milch
Pfeffer, Curry

Mit dem elektrischen Handrührgerät zu einem Teig verrühren, die Rote-Bete-Scheiben darin wenden und in der heißen Pfanne von beiden Seiten goldbraun braten.

Sonnenblumenöl
zum Braten

Es empfiehlt sich beim Verarbeiten der Rote Bete Plastikhandschuhe anzuziehen, um rotgefärbten Händen vorzubeugen.

Hirse-Bratlinge ohne Ei

100 g	Hirse	*In einem trockenen Topf einige Minuten anrösten.*
300 ml	Wasser	*Dazugeben, umrühren,*
1 TL	Gemüsebrühe	*ausquellen und anschließend*
Kräuter und Gewürze		*abkühlen lassen.*
80 g	Porree	*Waschen, feinschneiden, garen.*
80 g	Schafskäse	*Würfeln.*
50 g	Magerquark	*Mit den übrigen Zutaten*
80 g	Vollkornmehl	*verkneten, nochmals abschmecken, Bratlinge formen,*
ca. 100 g	Sesam	*in den Sesamkörnern wenden und in heißem Öl von beiden*
etwas Öl		*Seiten braten.*

Blumenkohlauflauf

2	große Köpfe Blumenkohl	*Putzen, waschen, 8 Min. bißfest garen. In Röschen zerteilen und auf 4 Auflaufformen gleichmäßig verteilen.*
1	Packung (500 g) Soja cremig neutral Jodsalz, Pfeffer, Muskat, reichlich Kräuter und Gewürze	*Mit einem Schneebesen verrühren, abschmecken.*
1 Ecke	Blauschimmelkäse (125 g)	*Würfeln und zu der Sojamasse geben. Das ganze gleichmäßig über die 4 Aufläufe geben und bei 180° C 20 Minuten backen.*

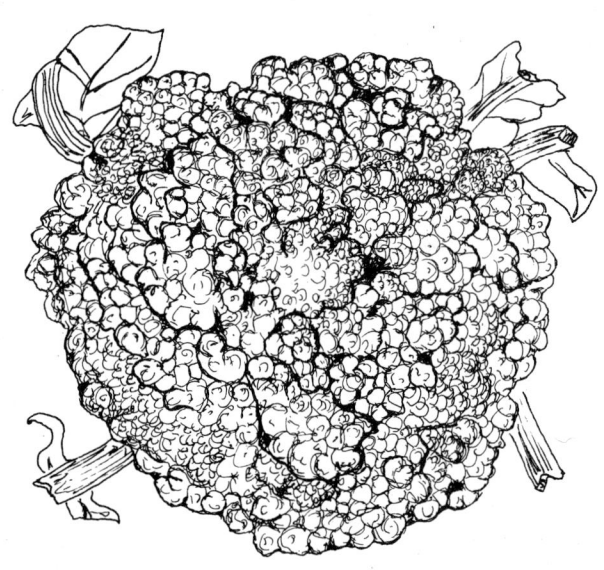

Porreetorte

4–6 Portionen

Teig:

250 g	Weizenvollkornmehl	
1	Tüte Hefe	
100 ml	lauwarme Milch	
25 g	zerlassene Margarine	
1	Ei	

Hefeteig herstellen, gehen lassen, in eine mit Backpapier ausgelegte Springform geben, einen Rand hochziehen.

Belag:

700 g Porree
1 EL Öl

Porree putzen, waschen und in feine Ringe schneiden, im Öl andünsten.

2 Eier
100 g Soja cremig neutral
100 g gewürfelten Schafskäse
Basilikum, Pfeffer, Knoblauch

Verrühren, unter den Porree rühren und in den Hefeteig geben. Bei 180° C 30 Minuten backen.

150 g gewürfelten Schafskäse

Auf der Porreetorte verteilen und weitere 15 Min. backen.

Pellkartoffeln mit Rote-Bete-Quark

1 kg	Kartoffeln	*Gründlich waschen, mit der Schale garen.*

250 g	Magerquark	*Mit dem elektrischen*
150 g	Magerjoghurt	*Handrührgerät mixen,*
50 g	saure Sahne	*abschmecken,*
Jodsalz, Pfeffer, Meerrettich,		*evtl. nachwürzen.*
etwas Rote-Bete Saft		

150 g	frische Rote Bete, grob gerieben (oder 150 g eingelegte Rote Bete, gewürfelt)	*Unter den Quark heben.*
2	Gewürzgurken	
1	Apfel	

frischen Dill	*Zum Quark geben und mit den Pellkartoffeln servieren!*

Dazu schmecken gebratene Zucchinischeiben besonders gut.

Gebratene Zucchinischeiben

4   große Zucchini
Saft 1 Zitrone

Die Zucchini waschen, in ½ cm
dünne Scheiben schneiden und
mit dem Zitronensaft beträufeln.

40 g   Weizenvollkornmehl
Jodsalz, Pfeffer,
getr. Majoran

Mischen und auf einen
Teller geben.

4 EL   Sonnenblumenöl

In einer Pfanne erhitzen.
Die im Mehl gewendeten
Zucchinischeiben nacheinander
von beiden Seiten goldbraun
braten.

Kartoffelplätzchen mit Mozzarella

500 g	Kartoffeln	*Garen, pellen, durch die Kartoffelpresse geben.*

70 g   Weizenvollkornmehl
1   Ei
2 EL   gehackte Petersilie
2 EL   feingewürfelte Zwiebeln
Kräuter und Gewürze
60 g   gewürfelten Mozzarella

Mit der Kartoffelmasse verkneten, abschmecken, etwa 8 gleichgroße Plätzchen formen,

50 g   Vollkornsemmelmehl
etwas Öl zum Braten

im Semmelmehl von beiden Seiten wenden und im heißen Öl braten.

Dazu: Nudelsalat (S. 123)

Nudelsalat

200 g	Spiralnudeln (Vollkorn)	*In reichlich Wasser garen, abgießen, mit kaltem Wasser abspülen und erkalten lassen.*

150 ml	Gemüsebrühe	*Gemüsebrühe erhitzen,*
3 EL	Öl	*mit den übrigen Zutaten*
2 EL	scharfen Ketchup	*verrühren, abschmecken,*
2 EL	Essig	*über die Nudeln geben.*
Pfeffer, Tabasco,		
1	Tropfen Süßstoff,	
1 Bund	frischen Schnittlauch	

100 g	Erbsen	*Garen, abkühlen lassen,*
100 g	Möhren geschnitten	*unter die Nudeln heben,*
100 g	Champignons geschnitten	*etwas ziehen lassen,*
1	gewürfelter Apfel	*nochmals abschmecken, dann servieren.*

Gemüse-Tofu-Spieße

250 g	Tofu	Den Tofublock halbieren, in 1½ cm breite Scheiben schneiden und etwa 20 Minuten im Essig einlegen.
½	Tasse Essig	
1	Knoblauchknolle	Von der Schale befreien und auch die einzelnen Knoblauchzehen abpellen.
1	Möhre	Das Gemüse waschen, putzen, Möhren und Zucchino in 1½ cm breite Scheiben schneiden, die Paprika in große Würfel schneiden. Die Champignons ganz lassen.
1	Zucchino	
1	gelbe Paprikaschote	
1	rote Paprikaschote	
8	frische Champignons	
8	Holzspieße	Das vorbereitete Gemüse abwechselnd mit den Tofuscheiben und den Knoblauchzehen auf die Spieße stechen.
	etwas Olivenöl	Die Gemüse-Tofu-Spieße von allen Seiten dünn mit Öl bepinseln.
	Jodsalz, Pfeffer, Majoran, Thymian, Oregano	Zu einer Gewürzmischung vermengen und die Spieße von allen Seiten damit bestreuen.

Tip:
Die Gemüse-Tofu-Spieße eignen sich gut zum Grillen

Auf ein Backblech legen und im vorgeheizten Ofen bei 160° C 15 Minuten garen.

Gnocchi mit Gorgonzola-Soße

800 g geschälte Kartoffeln	*Die Kartoffeln 20 Min. garen, dann durch die Kartoffelpresse drücken.*
200 g Weizenmehl Typ 1050 Jodsalz, Pfeffer, Muskat gehackte Petersilie	*Mit der Kartoffelmasse verkneten, abschmecken und mit 2 Teelöffeln walnußgroße Klöße abstechen. Diese auf einem Arbeitsbrett ablegen und mit einer Gabel flachdrücken. Die Gabel während des Arbeitsvorganges immer wieder in kaltes Wasser tauchen, damit der Teig nicht an der Gabel kleben bleibt und das Muster der Gabel sichtbar bleibt.*
3 l Salzwasser	*Zum Kochen bringen, dann von der Kochstelle nehmen, die Gnocchi hineingeben, nach ca. 4 Minuten, wenn die Gnocchi oben schwimmen, mit einer Schaumkelle herausnehmen und sofort auf Tellern anrichten.*

Soße:
250 ml Milch
250 ml Gemüsebrühe
4 Meßlöffel Biobin
Jodsalz, Pfeffer

In einen Kochtopf geben, verrühren und unter Rühren zum Kochen bringen. Dann von der Kochstelle nehmen.

80 g Gorgonzola-Käse

Den feingewürfelten Käse in die Soße geben und unterrühren. Abschmecken und zu den Gnocchi servieren.

Sellerie im Knuspermantel

1	Sellerieknolle	Die Sellerieknolle waschen, schälen und in ca. 1cm breite Scheiben schneiden.

zum Panieren:
4 EL Vollkornmehl
2   verquirlte Eier
Sesam-Panade

3 Suppenteller bereitstellen, in den 1. das Mehl geben, in den 2. das verquirlte Ei und in den 3. das Sesam-Paniermehl geben. Nun die Sellerischeiben zuerst im Mehl, dann im Ei und zum Schluß im Paniermehl wenden. Das Paniermehl gut andrücken, damit es beim Braten nicht abfällt.

Öl zum Braten

Das Öl in einer Pfanne erhitzen und die Sellerischeiben von beiden Seiten knusprig braten. Eine Käsesoße, Kartoffeln und Salat vervollständigen dieses Gericht.

Käsesoße:
40 g Margarine
40 g Weizenvollkornmehl
¼ l Gemüsebrühe
¼ l Milch

Margarine in einem Topf erhitzen, das Mehl hinzugeben, unter ständigem Rühren die Brühe und die Milch hinzugeben und 2–3 Minuten kochen lassen.

50 g geriebenen Käse (z.B. Emmentaler, Gouda, Parmesan)

Den Käse in der heißen Soße schmelzen lassen,

Jodsalz, Pfeffer

würzen, abschmecken und servieren

Kohlrouladen

1 Kopf Weißkohl (1,5–2 kg)	*Den Kohl putzen und den Strunk trichterförmig herausschneiden. Den Kohl im Wasser 15 Min. kochen, damit sich die Blätter besser lösen lassen. Kohl herausnehmen, 4 Blätter lösen, die dicken Rippen flach abschneiden. Den restlichen Kohl zerschneiden und zu Weißkohlgemüse verarbeiten.*
2–3 l Wasser	

Füllung:

75 g Buchweizengrütze
¼ l Wasser
½ TL Gemüsebrühe

Wasser mit Gemüsebrühe aufkochen lassen, Buchweizengrütze hineingeben und auf kleinster Stufe ausquellen lassen (10–15 Minuten).

1 kleine Zwiebel
50 g Tilsiter Käse 45 % F.i.Tr.
30 g Magerquark
Jodsalz, Pfeffer, Muskat, Schnittlauch

Zwiebel und Käse würfeln und mit den übrigen Zutaten zur ausgequollenen Buchweizengrütze geben. Die Masse durchkneten und kräftig abschmecken. Die Füllung gleichmäßig auf die 4 vorbereiteten Kohlblätter verteilen. Diese fest aufrollen und mit Holzstäbchen oder Rouladennadeln zusammenstecken.

3 EL Öl
200 ml Wasser

Das Öl in einem Topf erhitzen, die Kohlrouladen darin von allen Seiten bräunen, Wasser zugeben und die Rouladen im geschlossenen Topf 35 Minuten schmoren.
Die Rouladen aus der Flüssigkeit nehmen und warmhalten. Den Fond für die Soße verwenden.

Soße:
2 Meßlöffel Biobin
2 EL Saure Sahne
Jodsalz, Pfeffer
2 EL frisch gehackte Kräuter

Biobin mit dem Rouladenfond verrühren und aufkochen lassen. Von der Kochstelle nehmen, mit den übrigen Zutaten verrühren, abschmecken und zu den Rouladen servieren.

Vegetarische Würstchen im Teig

75 g	Weizenvollkornmehl	*Zu einem glatten Teig verkneten,*
½ TL	Backpulver	*ca. 20 Minuten kalt stellen.*
75 g	Magerquark	*Etwa ½ cm dick ausrollen,*
65 g	Margarine	*in 3 cm breite Streifen schneiden.*
1 Prise	Jodsalz	
1	Eigelb	*Verquirlen, die Streifen damit bestreichen.*
4	vegetarische Würstchen	*Mit den Teigstreifen umwickeln (die bestrichene Seite nach innen). Auf ein mit Backpapier belegtes Blech legen, mit dem restlichen Eigelb bestreichen und bei 180° C 20 Minuten backen.*

dazu Béchamelkartoffeln S. 107

Gemüsesülze

2	Eier	*In 8 Min. hart kochen. Abpellen und in Scheiben schneiden.*
1	Gewürzgurke (ca. 70 g)	*In Würfel schneiden.*
150 g	Brokkoli	*Gemüse waschen, putzen, den Brokkoli in Röschen schneiden und die Möhren in Scheiben schneiden.*
150 g	Möhren	
150 g	Erbsen	
400 ml	Wasser	*Zum Kochen bringen, das Gemüse darin bißfest garen, dann mit einer Schaumkelle aus der Flüssigkeit nehmen.*
1 TL	Gemüsebrühe	
50 ml Essig		*Den Essig zur Gemüsebrühe geben und mit Wasser auffüllen bis zu 500 ml.*
etwas Wasser		
1 gestrichenen TL Agar-Agar (oder 5 Blatt weiße Gelatine)		*Agar-Agar mit 4 EL kaltem Wasser verrühren, dann ins Brühe-Essig-Gemisch geben und 2 Minuten kochen lassen.*
4 EL	Wasser	
Pfeffer, Jodsalz, ½ TL Honig		*Hinzugeben, abschmecken evtl. nachwürzen, dann Flüssigkeit in die 4 vorbereiteten Förmchen geben, etwa ½ cm hoch, kühl stellen, bis das Gelee fest ist, dann Gemüse und Eischeiben darauf verteilen, mit der restlichen Flüssigkeit auffüllen und 3–4 Stunden in den Kühlschrank stellen. Zum Servieren kann die Sülze gestürzt werden.*

– Mit Pellkartoffeln und Quark ein erfrischendes Sommeressen.

– Als Beilage zum Abendessen.

– Läßt sich gut in größeren Mengen herstellen, zum Beispiel für ein kaltes Büffett. Dann in einer Kastenform zubereiten und nach dem Stürzen in Scheiben schneiden.

Eier im Gemüsebett

500 g	Kartoffeln	*Kartoffeln schälen, waschen und in Würfel schneiden. 15–20 Minuten kochen.*
600 g	Möhren	*Putzen, waschen, in Scheiben schneiden und die letzten 10 Minuten zu den Kartoffeln geben.*
2	Stangen Porree	

Für die Soße:

300 ml	Gemüsebrühe	*Verrühren, aufkochen, abschmecken, dann unter das abgetropfte Gemüse rühren.*
200 ml	Milch	
2	Meßlöffel Biobin	
2 EL	Senf	
Jodsalz, Pfeffer		

8	Eier	*8 Minuten kochen, abschrecken, pellen und halbieren.*

½ Bund	frisch gehackte Petersilie	*Zum Servieren die Eierhälften auf das Gemüsebett setzen und mit gehackter Petersilie bestreuen.*

Kalifornische Reis-Pfanne

200 g	Vollkornreis	*Brühe aufkochen, Reis hinein-*
1 l	Gemüsebrühe	*geben und ca. 45 Minuten*
		ausquellen lassen. Auf einem
		Durchschlag abtropfen lassen.

100 g Champignons
100 g Möhren
100 g Stangensellerie
100 g Zwiebeln
etwas Öl

*Gemüse waschen, putzen,
fein schneiden und jede Sorte
einzeln in der Pfanne in wenig
Öl bißfest garen.*

50 g Walnußhälften

*Reis, Gemüse und Walnüsse in
die Pfanne geben,
nochmals erhitzen, dann*

Pfeffer, Curry, Zitronensaft,
Schnittlauch

*würzen, abschmecken und
mit Joghurtsoße servieren.*

Soße:
3 Becher Joghurt (à 150 g)
Pfeffer, Jodsalz

*Verrühren und
abschmecken.*

Orientalisches Reisgericht

200 g	Azukibohnen	*Die Bohnen waschen und im*
¾ l	Wasser	*Wasser 8–12 Stunden quellen lassen. Im Einweichwasser zum Kochen bringen und zugedeckt 50–60 Minuten garen.*
150g	Vollkornreis	*Wasser und Salz zum Kochen*
¾ l	Wasser	*bringen, Reis zugeben und*
1 TL	Jodsalz	*45 Minuten quellen lassen.*
25 g	Korinten	*10 Minuten vor Ende der Garzeit zum Reis geben.*
1	Zwiebel, gewürfelt	*Das Öl erhitzen, Zwiebelwürfel*
4	Knoblauchzehen, gepreßt	*und Knoblauch hineingeben,*
2 EL	Öl	*die Gewürze zufügen und bei*
½ TL	Ingwerpulver (oder frisch geriebene Ingwerknolle)	*schwacher Hitze 5 Min. braten. Sobald die Gewürzmischung*
½ TL	Curcumae (Gelbwurz)	*anzusetzen droht, ½ Tasse*
½ TL	Cumin (Kreuzkümmel)	*Wasser hinzugeben.*
1 TL	Paprika	
½ TL	Chili	
½ TL	Koriander	
½	Tasse Wasser	
4	Tomaten	*Die Tomaten würfeln und zur Zwiebel-Gewürzmischung geben.*
3 EL	gehackte Petersilie	*Mit Petersilie und Kürbiskernen*
3 EL	Kürbiskerne	*garniert servieren.*

Dazu einen Eisbergsalat mit Joghurtdressing servieren!

Azukibohnen sind kleine braune Bohnen, die aus Japan importiert werden. Sie haben eine zarte Schale und schmecken süßlich. Es sind sehr delikate Bohnen und mit Sicherheit eine der kostbarsten der rund 500 verschiedenen Bohnensorten. Sie ergeben köstliche Beilagen zu herzhaften Getreidegerichten, Suppen, Eintöpfen und Salaten. Diese kleine Bohnen sind ein besonderer Genuß, da sie im Gegensatz zu anderen Bohnen ein weitaus kernigeres Geschmackserlebnis liefern.

Buntes Gemüseragout

3	Paprikaschoten (je 1 gelbe, rote und grüne)	*Waschen, vierteln, Kerne und Scheidenwände entfernen und in 2 x 2 cm große Würfel schneiden.*
300 g	Rosenkohl	*Waschen und putzen.*
300 g	Möhren	*Waschen, schälen und in Scheiben schneiden.*
400 ml	Gemüsebrühe	*Zum Kochen bringen, den Rosenkohl hineingeben und 15 Minuten garen. Nach 5 Min. die Möhren hinzugeben und nach weiteren 5 Min. die Paprikawürfel.*
3 EL	Tomatenmark Jodsalz, Pfeffer, Chili, Thymian	*Mit Gewürzen und Tomatenmark abschmecken.*
evtl. 1 Meßlöffel Biobin		*Sollte Ihnen das Ragout zu dünn erscheinen, so können Sie 1 Meßlöffel Biobin zum Binden verwenden.*

Dazu Petersilienkartoffeln reichen!

Sojabohnen-Auflauf

200 g	gelbe Sojabohnen	*Die Sojabohnen über Nacht in reichlich Wasser quellen lassen. Dann in der Gemüsebrühe 1 Stunde garen. Auf einem Sieb abtropfen lassen.*
1 l	Wasser	
1 TL	Gemüsebrühe	

500 g	Kartoffeln	*Kartoffeln und rote Bete waschen, schälen und getrennt voneinander garen. Anschließend in Scheiben schneiden.*
300 g	rote Bete	

1 EL	Öl	*Die Sojabohnen und das vorbereitete Gemüse schichtweise in eine gefettete Auflaufform geben.*

300 g	Soja cremig neutral	*Verrühren, über den Auflauf gießen und bei 180° C 30–40 Minuten backen.*
2	Eier	
1 TL	Jodsalz	
1 EL	Kräutersenf	
Pfeffer, Muskat, Chili		
1 Bund	frisch geschnittener Schnittlauch	

Gemüse als Beilage

Das Mittagessen setzt sich üblicherweise aus 3–4 Komponenten zusammen. Eine Komponente davon ist das Gemüse.

In diesem Kapitel werden Vorschläge für einfache und raffinierte Gemüsebeilagen gemacht..

Blattspinat mit Pinienkernen

1	Zwiebel	*Die Zwiebeln schälen und*
2 EL	Öl	*würfeln. Das Öl erhitzen und*
		die Zwiebelwürfel darin
		glasig dünsten.

2	Knoblauchzehen	*Die Knoblauchzehen pressen*
½ TL	Kreuzkümmel	*und mit den Gewürzen zur*
Jodsalz, Pfeffer		*Zwiebel geben und 1 Minute*
		unter Rühren rösten.

1 kg	Spinat	*Den Spinat putzen, waschen und*
100 ml	Wasser	*mit dem Wasser zur Zwiebel-*
		Gewürzmischung geben.
		Im geschlossenen Topf ca.
		10 Minuten garen.

3 EL	Pinienkerne	*Die Pinienkerne im Öl rösten*
1 TL	Öl	*und zum Schluß über den Spinat*
		geben.

Grüne Bohnen in Estragonsoße

600 g	frische Bohnen	*Die Bohnen in der Gemüsebrühe*
200 ml	Gemüsebrühe	*bißfest garen (ca. 15 Minuten).*

2 Meßlöffel Biobin

Die Bohnen von der Kochstelle ziehen, Biobin darüberstreuen und gut verrühren, nochmals auf den Herd stellen, damit das Biobin 1–2 Min. quellen kann.

Jodsalz, Pfeffer

Würzen und abschmecken.

3 Blätter frischen Estragon

Waschen, kleinschneiden und unter die Bohnen rühren und sofort servieren.

Veränderung:
Um eine helle Soße zu bekommen, können 50 ml Milch unter das Bohnengericht gerührt werden.

Sauerkraut-Trauben-Gemüse

200 g	grüne Weintrauben	*Die Trauben waschen und von den Stielen zupfen.*
600 g	Frischkost-Sauerkraut	*Das Öl erhitzen, das Sauerkraut hinzugeben, die Wacholder-*
2 EL	Traubenkernöl	*beeren im Mörser zerdrücken*
einige Wacholderbeeren		*und zum Kraut geben. Das Sauerkraut 20 Min. im geschlossenen Topf garen. 5 Min. vor Ende der Garzeit die Trauben hinzugeben.*

Schmeckt besonders gut zu Getreidebratlingen und Kartoffelpüree!

Rote-Bete-Gemüse

2	mittelgroße Rote Bete	*Rote Bete schälen und in*
2 EL	Reform-Margarine	*Stifte schneiden.*
½ TL	Jodsalz	*Margarine in einem Topf*
½ TL	Vollzucker	*erhitzen, Rote-Bete-Stifte hinzugeben, bei kleiner Hitze 20 Minuten dünsten. Mit Jodsalz und Vollzucker würzen und servieren.*

Griechische Bohnen nach Bauern-Art

2 EL	Öl	*Zwiebeln pellen und fein*
2	Zwiebeln	*würfeln, dann im erhitzten Öl*
		glasig dünsten.

2	Knoblauchzehen	*Die Knoblauchzehen pressen,*
2	Stangen Staudensellerie	*die Selleriestangen klein-*
		schneiden und beides zu den
		Zwiebeln geben.

500 g	dicke Bohne	*Hinzugeben und im*
¼ l	Gemüsebrühe	*geschlossenen Topf bei kleiner*
		Hitze 10 Minuten garen.

Jodsalz, Pfeffer,   *Würzen, den Tomatensaft*
150 ml Tomatensaft   *angießen und weitere*
                                        10 Minuten garen.

½ TL Vollzucker   *Hinzugeben, abschmecken*
Petersilie, Oregano   *und servieren.*

Buntes Kohlgemüse

2	Zwiebeln	*Die Zwiebeln abziehen, würfeln*
3 EL	Öl	*und im erhitzten Öl glasig dünsten.*

2	Stangen Staudensellerie	*Putzen, waschen und in Scheiben*
2	Möhren	*schneiden.*

2	Tomaten	*Waschen, würfeln und mit den Sellerie- und Möhrenstücken zu den Zwiebeln geben.*

200 ml Gemüsebrühe

Zugeben und bei schwacher Hitze 5–7 Minuten dünsten.

½ Kopf Weißkohl (ca. 500 g)
¼ l Wasser

Vom Strunk und den äußeren Blättern befreien, in feine Streifen schneiden, zum übrigen Gemüse geben, noch etwas Wasser zugießen und weitere 10 Minuten bei schwacher Hitze garen.

1 TL Kapern
1 TL Jodsalz
Pfeffer

Unter das Gemüse rühren, abschmecken, evtl. nachwürzen.

Schwarzwurzeln

750 g Schwarzwurzeln	*Die Schwarzwurzeln mit einer Gemüsebürste gründlich waschen, dann in ein Waschbecken legen und mit kochendem Wasser übergießen. Die Schwarzwurzel 5–10 Min. im Wasser liegen lassen, damit sie sich leichter schälen lassen. Mit einem Sparschäler schälen, mit einem kleinen Messer nachputzen.*
1 l kaltes Wasser 6 EL Essig	*Die geschälten und in 3–4 cm lange Stücke geschnittenen Schwarzwurzeln sofort ins Essigwasser legen, damit sie nicht braun werden.*
¼ l Wasser ½ TL Jodsalz	*Zum Kochen bringen, die Schwarzwurzeln hineingeben und 20 Minuten garen.*
Pfeffer, Muskat	*Würzen, abschmecken und servieren.*

Variation:
Die Kochflüssigkeit auffangen, mit 2 Meßlöffel Biobin und etwas Milch aufkochen. Estragon an die Soße geben und zu den Schwarzwurzeln reichen.

Tip: Beim Waschen und Schälen der Schwarzwurzeln Plastikhandschuhe anziehen, damit die Hände nicht schmutzig und klebrig werden.

Porree-Apfel-Gemüse

1 kg	Porree	*Porree putzen, waschen und in*
3 EL	Öl	*Ringe schneiden. Im erhitzten Öl 5 Minuten dünsten.*
	Jodsalz, Pfeffer, Koriander	*Die Gewürze hinzugeben.*
50 ml	Apfelsaft	*Hinzugießen und 10 Minuten im*
50 ml	Gemüsebrühe	*geschlossenen Topf dünsten.*
2	Äpfel	*Waschen, vierteln, das Kerngehäuse entfernen, in Spalten schneiden und unter den Porree heben. Weitere 3 Minuten garen. Abschmecken.*

Wirsing mit Mandeln

20 g	Margarine	*Margarine erhitzen und die*
50 g	Mandelblättchen	*Mandelblättchen darin*
		goldbraun rösten.
50 ml	Milch	*Mit Milch und Brühe*
250 ml	Gemüsebrühe	*ablöschen.*
1	kleiner Wirsingkohl	*Den Wirsing putzen, in Streifen*
	(ca. 1 kg)	*schneiden, waschen, abtropfen*
		lassen. Zu den übrigen Zutaten
		geben und im geschlossenen
		Topf 15 Minuten garen.
• Jodsalz, Pfeffer, Muskat		*Würzen und abschmecken.*

Grünkohl

4 EL	pflanzliches Schmalztöpfchen mit Äpfeln und Zwiebeln	*Das Fett erhitzen und die Zwiebelwürfel darin rösten.*
2	Zwiebeln, gehackt	
800 g	blanchierten, kleingeschnittenen Grünkohl	*Den Grünkohl und die Brühe hinzugeben und 20 Minuten dünsten.*
½ l	Gemüsebrühe	
	Jodsalz, Pfeffer	*Zum Schluß würzen und abschmecken.*

Schneidebohnen mit Tomaten

500 g	Schneidebohnen	
2	Zwiebeln	
3	Knoblauchzehen	
2 EL	Öl	
Jodsalz, Pfeffer		
1 TL	Thymian	
½ TL	Zimt	
½ TL	Kardamom	
½ TL	Honig	
200 g	Tomatenmark	
80 ml	Wasser	

Bohnen putzen, waschen und in größere Stücke schneiden. Zwiebeln und Knoblauch schälen und würfeln. Alles im heißen Öl andünsten und mit den Gewürzen vermengen. Tomatenmark und Wasser angießen und alles im geschlossenen Topf 20 Min. garen.

Schmeckt sowohl warm als auch kalt.

Gurken in Zitronensoße

3	Salatgurken	*Gurken schälen und längs halbieren. Die Kerne mit einem Teelöffel herausschaben. Die Gurken in 1,5 cm breite Stücke schneiden.*

150 ml Gemüsebrühe
1 Lorbeerblatt

Zum Kochen bringen, Gurkenstücke hineingeben und 2 Min. kochen lassen, dann von der Kochstelle nehmen,

1 Meßlöffel Biobin

Biobin hineinrühren, nochmals kurz aufkochen lassen, beiseite stellen.

1 Zitrone, heiß abgewaschen   *Schale abreiben, Saft auspressen.*

1 Becher Dickmilch (175 g)
Jodsalz, Pfeffer
frischen Thymian oder Dill

2 EL vom Zitronensaft, etwas geriebene Zitronenschale, Dickmilch und Gewürze zum Gurkengemüse geben, abschmecken, evtl. mit etwas Honig verfeinern.

evtl. 1 TL Honig

Fruchtiges

Als Zwischenmahlzeit oder für unterwegs ist frisches Obst allseits beliebt.

Der krönende Abschluß einer Mahlzeit oder eines Feiertagsmenüs ist jedoch eine lecker zubereitete Fruchtspeise.

Sie rundet das Essen ab, ist erfrischend, gut bekömmlich und ein Genuß!

Frischkäse mit Brombeeren

400 g	Brombeeren	*Waschen und putzen.*
400 g	Körniger Frischkäse	*Verrühren, abschmecken und*
Saft ½ Zitrone		*in vier Portionsschälchen*
1 EL	flüssigen Honig	*füllen.*
2 EL	gehackte Pistazien	*Die Brombeeren darauf geben und mit den gehackten Pistazien bestreuen.*

Buttermilch-Flammeri

500ml	Buttermilch	*In einen Kochtopf geben*
30g	Reform-Margarine	*und unter ständigem Rühren*
Mark ½ Vanilleschote		*aufkochen lassen.*
50g	Vollgrieß	*Den Grieß einstreuen und dick auskochen.*
2	Eiweiß	*Das Eiweiß steif schlagen,*
40g	Vollzucker	*den Zucker dazurieseln lassen und mit dem etwas abgekühlten Grießbrei vermischen.*
200g	frische Himbeeren	*Waschen, abtropfen lassen und zu dem Grieß servieren.*

Hirse mit Erdbeersoße

500 ml	Milch	*Die Milch aufkochen,*
50 g	Hirse	*die gut gewaschene Hirse und*
1	Zimtstange	*die Zimtstange hineingeben.*
		Zugedeckt bei kleiner Hitze
		ca. 45 Minuten köcheln lassen.

1 EL   Honig

Mit der Hirse verrühren,
die Zimtstange entfernen.

Soße:
200 g   Erdbeeren
Vollzucker nach Geschmack

Mit dem Pürierstab zerkleinern und als Soße über die Hirse geben.

Obstsalat mit Schlagsahne

150 ml	Orangensaft	*Verrühren.*
Saft ½	Zitrone	
1 TL	Honig	

500 g Erdbeeren
400 g Honigmelone
1 Kiwi
1 Banane

Die Früchte waschen, putzen, kleinschneiden und zu dem Orangensaft geben, umrühren und etwas durchziehen lassen.

1 Becher Schlagsahne (200 g)

Die Sahne steif schlagen, in einen Spritzbeutel mit Sterntülle füllen und den Obstsalat damit verzieren.

Bratäpfel mit Vanillesoße

4	feste Äpfel (z.B. Boskop)	*Waschen und trockenreiben. Das Kerngehäuse ausstechen.*

50 g Honigmarzipan
30 g gehackte Walnüsse
30 g Rosinen
½ TL Anis

Marzipan würfeln, mit den restlichen Zutaten vermischen und in die Äpfel füllen.

Die Äpfel in eine Auflaufform setzen und bei 180° C 20 Minuten backen.

Vanillesoße:
½ l Milch
Mark ½ Vanilleschote
2 Meßlöffel Biobin
3 EL Vollzucker

Die Vanilleschote der Länge nach halbieren, das Mark herauskratzen und mit der Schote zur Milch geben. Biobin und Zucker auch in die kalte Milch rühren. Die Milch aufkochen, dabei gut rühren, damit sie nicht anbrennt. Anschließend die Vanilleschote aus der Soße nehmen und die Soße zu den Äpfeln servieren.

Heidelbeer-Pfannkuchen

3	Eiweiß	*Eiweiß steif schlagen.*
3	Eigelb	*Mit dem elektrischen*
250 g	Weizenvollkornmehl	*Handrührgerät zu einem*
½ l	Milch	*glatten Teig verrühren.*
3	Tropfen Süßstoff	
1 Prise Jodsalz		
250 g	Heidelbeeren	*Waschen und gut abtropfen lassen.*
Öl zum Backen		*Öl in einer Pfanne erhitzen, eine Schöpfkelle Teig hineingeben, einen gehäuften EL Heidelbeeren darauf verteilen und von beiden Seiten goldbraun backen. Die Pfannkuchen nacheinander abbacken, die Fertigen indessen im Ofen warmhalten, und anschließend mit Ahornsirup servieren.*

Kirschgelee mit Mandelsoße

200 g	entsteinte Sauerkirschen	*In 4 vorbereitete Dessertgläser geben.*
500 ml	Kirschsaft	*Verrühren, aufkochen und*
¾ TL	Agar-Agar	*2 Minuten köcheln lassen.*
1 TL	Zitronensaft	
1 TL	Honig	

Soße:

¼ l	Milch	*Unter ständigem Rühren*
Mark ½ Vanilleschote		*aufkochen, abkühlen lassen*
1	Meßlöffel Biobin	*und abschmecken.*
2 EL	Zucker	
1 EL	gehackte Mandeln	*Die Mandeln unterheben und die Soße zum Gelee servieren.*

Rote Grütze mit Milch

100 g	Himbeeren	*Früchte waschen und putzen,*
100 g	Johannisbeeren	*die Kirschen entsteinen,*
200 g	Kirschen	*dann mit dem Wasser zum*
250 ml	Wasser	*Kochen bringen.*

50 ml Wasser
2 EL Puddingpulver Vanille

Verrühren und in die kochende Fruchtmasse geben, 1 Minute kochen lassen, dann von der Kochstelle nehmen.

flüssigen Süßstoff

Die Grütze mit Süßstoff süßen, abschmecken und in Portionsschälchen geben.

300 ml Milch

Auf die erkaltete Grütze geben und mit einigen frischen Früchten garniert servieren.

Gebackene Bananen

50 g	Haferflocken	*In einem Topf langsam erwärmen, gut verrühren, dann abkühlen lassen.*
4 EL	Honig	

4	Bananen	*Die Bananen schälen, der Länge nach halbieren, mit dem Zitronensaft beträufeln und im heißen Öl von beiden Seiten anbraten. Die Bananehälften in eine flache Auflaufform geben.*
Saft 1	Zitrone	
2 EL	Öl	

3	Eiweiß	*Zu Eischnee schlagen, den Zucker einrieseln lassen, dann in einen Spritzbeutel geben und die Bananen damit garnieren. Mit den etwas abgekühlten Haferflocken garnieren und bei 180° C 12 Minuten backen.*
80 g	Vollzucker	

Birnen mit Schokosoße

½ l	Wasser	*Aufkochen, dabei einige*
50 g	Zucker	*Male umrühren,*
Saft 1 Zitrone		*bis der Zucker aufgelöst ist.*
5	Gewürznelken	
2	Zimtstangen	

4 Birnen

Die geschälten, entkernten und halbierten Birnen hinzugeben und 8–10 Min. köcheln lassen. Abkühlen lassen und vor dem Servieren die Birnen aus dem Sud nehmen.

Soße:

¼ l	Milch	*Alle Zutaten verrühren,*
1 EL	Kakao	*unter ständigem Rühren*
1	Meßlöffel Biobin	*aufkochen lassen.*
2 EL	Vollzucker	*Schmeckt sowohl warm als auch kalt zu den Birnen.*

Apfelreis

½ l	Wasser	*Wasser mit Zucker*
50g	Vollzucker	*und Zitronensaft zum*
Saft ½ Zitrone		*Kochen bringen.*

100 g Vollreis

Den gewaschenen Reis hineingeben und bei schwacher Hitze 20 Minuten köcheln lassen.

300 g Äpfel

Die geschälten, entkernten und in Scheiben geschnittenen Äpfel hinzugeben und weitere 20 Min. ausquellen lassen.

Der Apfelreis wird mit Zimt bestreut serviert.

Tip:
Abgekühlt eignet sich der Apfelreis als Zwischenmahlzeit zum Mitnehmen.

Johannisbeer-Quark mit Pumpernickel

500 g	Magerquark	*Glattrühren und*
250 ml	Milch	*abschmecken.*
Mark ½ Vanilleschote		
flüssigen Süßstoff		

150 g	rote Johannisbeeren	*Waschen und abtropfen lassen.*

150 g	Pumpernickel	*Fein reiben und mit den*
50 g	Schokoladenraspel	*Schokoladenraspeln mischen.*

Quarkmasse, Füllung und Pumpernickel-Schokoladenmischung schichtweise in Dessertgläser geben. Gläser evtl. mit einem Pumpernickeltaler garnieren.

Früchte mit Füllung

Hierfür eignen sich frische oder eingemachte Früchte wie Aprikosen, Pfirsiche, Nektarinen oder Zwetschgen.

zum Beispiel:
1	Nektarine	*Früchte waschen,*
1	Pfirsich	*halbieren und von den*
2	Zwetschgen	*Kernen befreien.*
2	Aprikosen	

Füllung:
150 g	Quark	*Mit dem Elektromixer cremig*
Saft ½	Zitrone	*rühren, abschmecken,*
2 EL	flüssigen Honig	*in einen Spritzbeutel geben*
4 EL	Milch	*und die Früchte damit*
		ausspritzen.

Tip:
Dessertbesteck bereitlegen, denn die frischen Früchte lassen sich mit Messer und Gabel besser essen als mit einem Teelöffel

Kerniger Obstsalat

50 g	Rosinen	*Die Rosinen mit dem Apfelsaft begießen und ca. 1 Stunde quellen lassen.*
100 ml	Apfelsaft	
100 g	Grünkern	*Wasser aufkochen, Grünkern hineingeben, 40 Minuten kochen lassen, abgießen und abkühlen lassen.*
½ l	Wasser	
½ TL	Zimt	*Mit dem Grünkern vermischen.*
¼ TL	Cardamom	
4 EL	Vollzucker	
100 g	Weintrauben	*Waschen, halbieren und entkernen.*
50 g	getrocknete Aprikosen	*Würfeln.*
1	Birne	*Die Birne waschen, vierteln, entkernen und mit dem Zitronensaft beträufeln. 1 Viertel in längliche Spalten schneiden und zum Schluß den Salat damit garnieren. Die restlichen Birnenteile würfeln. Die vorbereiteten Zutaten miteinander vermischen, abschmecken, evtl. nachwürzen, in Dessertschälchen geben und mit der Birnenspalte servieren.*
Saft ½ Zitrone		

Mirabellenkompott

500 g Mirabellen

Die Mirabellen waschen und von den Stielen befreien. Nicht entsteinen!

125 ml Wasser
50 g Vollzucker

Aufkochen, Mirabellen hineingeben und bei schwacher Hitze ca. 8 Minuten dünsten. Erkalten lassen, abschmecken, evtl. nachwürzen.
Das Mirabellenkompott wird mit der Flüssigkeit serviert.

Rhabarber-Quarkspeise

400 g	Rhabarber	*Waschen, die Stielenden abschneiden und die Stangen in kleine Stücke schneiden.*
¼ l	Wasser	*Zum Kochen bringen, die Rhabarberstücke hineingeben und ca. 5 Minuten kochen lassen. Rhabarberstücke legen und etwas abkühlen lassen.*
350 g	Magerquark	*Mit einem Schneebesen gut verrühren und anschließend die Rhabarberstücke unterheben.*
150 g	Joghurt	
100 g	Akazienhonig	

Exotischer Früchteteller

1	Mango	*Waschen, schälen und in*
1	Papaya	*Spalten schneiden.*
100 g	frische Ananas	*In halbe Scheiben schneiden.*
1	Nektarine	*Waschen, vom Kern befreien und in Spalten schneiden.*
2	Kumquads	*Waschen und in Scheiben schneiden.*
		Die vorbereiteten Früchte auf 4 Flache Desserteller verteilen.
150 g	Kokosnußeis (ersatzweise Ananaseis oder Blutorangeneis)	*In die Mitte der Teller jeweils 1 Kugel Eis setzen.*

Roter Beerensalat

200 g	Erdbeeren	*Früchte waschen und die*
200 g	Himbeeren	*Johannisbeeren von den*
100 g	rote Johannisbeeren	*Rispen streifen.*

dazu:

250 g	Dickmilch	*Verrühren, abschmecken und*
Saft ½	Zitrone	*mit den Früchten servieren.*
2 EL	Akazienhonig	

Obstsalat mit Pistazien

200 g	blaue Weintrauben	*Waschen, halbieren und entkernen.*
2	Orangen	*Waschen und filetieren.*
1	Banane	*Schälen und in Scheiben schneiden.*
2	Kiwis	*Schälen, vierteln und in Scheiben schneiden.*
50 ml	Orangensaft	*Verrühren und mit den*
1 TL	Orangenblütenhonig	*vorbereiteten Früchten mischen.*
50 g	Pistazienkerne	*Als Garnitur über den Salat streuen.*

Herzhaftes Gebäck

Frisch aus dem Ofen direkt auf den Tisch schmeckt es am Besten.

Ideal, wenn man es sich mit Freunden am Abend gemütlich macht.

Aber auch als kleine Beigabe zum Abendessen oder gut verpackt für unterwegs ist pikantes Gebäck köstlich.

Gewürz-Brot

500 g	Weizenvollkornmehl	
250 ml	lauwarme Milch	
1 TL	Jodsalz	
2	Tüten Hefe	
130 g	Magerquark	
1 TL	Koriander	
½ TL	Kümmel	
1 TL	Anis	

Alle Zutaten zu einem glatten Teig verkneten und an einem warmen Ort bis zur doppelten Größe aufgehen lassen. Anschließend nochmals durchkneten und zu einem Laib formen. Auf ein mit Backpapier belegtes Blech legen, nochmals gehen lassen und bei 180° C 60 Minuten backen.

Fladenbrot mit Kartoffeln

300 g	Weizenvollkornmehl	
200 g	Weizenmehl Typ 1050	
250 g	gegarte, gepreßte Kartoffeln	
1 Tüte	Hefe	
1 TL	Jodsalz	
1 TL	Honig	
30 g	zerlassene Margarine	
300 ml	lauwarmes Wasser	
2	gepreßte Knoblauchzehen	
½ TL	Muskat	

Pfeffer, Tabasco, Basilikum

Hefeteig herstellen, an einem warmen Ort bis zur doppelten Größe aufgehen lassen, nochmals durchkneten, 2 Kugeln formen, mit der Küchenrolle 2–3 cm dick ausrollen, auf ein mit Backpapier belegtes Blech legen, erneut gehen lassen, dann bei 200°C 25 Minuten backen.

Käsewaffeln

200 g	Weizenvollkornmehl	*Mit dem Mixer*
¼ l	Milch	*gut verrühren.*
100 g	Margarine	
2	Eier	
1 TL	Backpulver	
100 g	feingewürfelter Gouda	*3 EL Teig in das*
50 g	feine Haferflocken	*vorgeheizte Waffeleisen geben*
50 g	gemahlene Nüsse	*und 3–4 Minuten backen*
2	gepreßte Knoblauchzehen	

Pfeffer, Muskat, Tabasco
frischen Schnittlauch
frischen Salbei

Dinkelwaffeln

130 g	Margarine	*Rührteig herstellen,*
3	Eier	*im vorgeheizten Waffeleisen*
250 g	Dinkelmehl	*auf Stufe 2 garen.*
1 TL	Backpulver	
200 ml	Milch	
50 g	feingewürfelten Käse	
2 TL	Meerrettich	
2 EL	Sonnenblumenkerne	**Tip:**

frischen Schnittlauch,
Pfeffer, Tabasco

Zwiebel- oder Knoblauchquark schmeckt sehr gut dazu.

Knusprige Selleriewaffeln

4 Eier	*Verrühren.*
250 g Weizenvollkornmehl	
¼ l Wasser	
Pfeffer, Muskat,	
frischen Schnittlauch	

200 g geraspelten Sellerie *Unterheben.*
50 g geraspelte Möhren
100 g feingewürfelten Briekäse

2–3 EL Teig in das Waffeleisen geben und ca. 4 Min. backen.

dazu:
Knoblauchquark
400 g Magerquark
100 g Majonnaise 30 % Fett
Jodsalz, Pfeffer
1 gepreßte Knoblauchzehe
frische Petersilie.

Mit dem Elektromixer gut verrühren, abschmecken und zu den Waffeln reichen.

Käse-Porree-Waffeln

4	Eier	*Mit dem Mixer*
250 g	Weizenvollkornmehl	*gut verrühren.*
¼ l	Wasser	
Pfeffer		

100 g Käse — *Reiben oder sehr fein würfeln.*

1 kleine Stange Porree — *Der Länge nach einritzen, waschen, feine Ringe schneiden, ca. 5 Minuten im kochendem Wasser garen.*

Käse und Porree unter den Waffelteig rühren.
1 Kelle Teig in das Waffeleisen geben und auf Stufe 3–4 goldgelb backen.

Kartoffelwaffeln

4	Eier	*mit dem Mixer*
250 g	Weizenvollkornmehl	*verrühren,*
¼ l	Wasser	*3 EL Teig in*
250 g	gegarte, gepreßte Kartoffeln	*das vorgeheizte Waffeleisen geben,*
100 g	Kräuterfrischkäse	*3–4 Min. backen.*
50 g	feingewürfelten Schnittkäse	
1 TL	Backpulver	

Pfeffer, Muskat, Tabasco,
Paprika, frische Petersilie

Grüne Osterschnecken

300 g	Spinat (oder tiefgekühlten Rahm-Spinat)	*Den Spinat waschen, verlesen, fein zerschneiden und in wenig Flüssigkeit garen. In einen Meßbecher geben und mit warmem Wasser bis auf 350 ml auffüllen.*
500 g	Weizenvollkornmehl	*Diese Zutaten mit dem Spinat verkneten, bis ein geschmeidiger Teig entstanden ist. Ca. 30 Minuten an einem warmen Ort (evtl. Backofen bei 50° C) gehen lassen.*
2	Tüten Trockenhefe (oder entsprechende Menge Frischhefe)	
½ TL	Jodsalz	
75 g	zerlassene Margarine	
1	Ei	
		Den Teig nochmals durchkneten und zu einem Rechteck (30 x 40 cm) ausrollen.
300 g	Schafskäse, fein gewürfelt	*Schafskäse und Majoran auf den Teig verteilen und anschließend von der breiten Seite her aufrollen. Mit einem Messer 3 cm breite Scheiben abschneiden. Diese auf ein mit Backpapier belegtes Blech legen und bei 180° C 20 Minuten backen.*
1 Bund	Majoran fein gehackt	

Ergibt ca. 20 Schnecken!

Schnittlauch-Törtchen

250 g	Weizenmehl Typ 1050	*Alle Zutaten*
½ TL	Jodsalz	*zu einem*
2 TL	Backpulver	*Rührteig verarbeiten.*
1	Ei	
50 g	Zwiebelwürfel	
100 ml	Milch	
75 ml	Öl (z.B. Walnußöl)	
100 g	Körniger Frischkäse	
2 Bund	frischen Schnittlauch	*Waschen, abtropfen lassen, in feine Röllchen schneiden und unter den Teig heben.*

Den Teig in ca. 12 Papierförmchen setzen (oder 1 Muffinblech benutzen) und bei 175° C im vorgeheizten Ofen 25 Minuten backen.

Tip:
Gut ausgekühlt und in einer verschlossenen Dose lassen sich die Törtchen 3–4 Tage aufbewahren. Sie eignen sich ideal als Pausenfrühstück oder für den Sonntagsbrunch.

Würzige Kräcker

150 g	Margarine	*Verkneten, ca ½ Stunde*
150 g	Weizenmehl Typ 1050	*kühl stellen, dann auf*
150 g	Weizenvollkornmehl	*leicht bemehlter Arbeitsfläche*
2	Eier	*dünn ausrollen, Plätzchen*
½ TL	Jodsalz	*ausstechen, auf ein mit*
Pfeffer, getr. Oregano,		*Backpapier belegtes*
getr. Majoran		*Backblech legen,*
1	verquirltes Eigelb	*mit dem Eigelb bestreichen,*
30 g	geriebenen Parmesankäse	*mit Parmesan bestreuen und bei 180° C 10 Minuten backen.*

Pikante Plätzchen

100 g	Margarine	*Zu einem glatten Teig verkneten,*
100 g	Dinkelmehl	*½cm dick ausrollen,*
150 g	Weizenvollkornmehl	*Plätzchen ausstechen und auf*
1 TL	Backpulver	*ein mit Backpapier belegtes*
1	Ei	*Blech legen,*
40 g	Tartare-Käse	
1	Ei	*das Ei verquirlen und die Plätzchen damit bestreichen*
einige	Sesamkörner, Sonnenblumenkerne, Kürbiskerne	*auf die Plätzchen verteilen und bei 180° C 10 Minuten backen.*

Curry Plätzchen

100 g	Margarine	
100 g	Mehl Typ 1050	
100 g	Weizenvollkornmehl	
130 g	Magerquark	
1 EL	Essig	
1 EL	Wasser	
1 TL	Jodsalz	
Pfeffer, Curry, Curcumae		
1	verquirltes Eigelb	

Zu einem glatten Teig verkneten, ca. 1 Stunde kalt stellen, dann auf leicht bemehlter Arbeitsfläche dünn ausrollen, mit dem Teigradler Rechtecke ausradeln, diese auf ein mit Backpapier belegtes Blech legen,

mit dem Eigelb bepinseln und bei 180° C 8 Minuten backen.

Frischer Brotaufstrich

Vollkornbrot ist eines der wichtigsten Grundnahrungsmittel. Es liefert uns wichtige Vitamine und Mineralstoffe. Die darin enthaltenen Ballaststoffe sorgen für eine geregelte Verdauung und beugen Darmerkrankungen vor. Die lange anhaltende Sättigung trägt zum Wohlbefinden und zur guten Figur bei. Wichtig ist allerdings, daß der Brotaufstrich wenig Fett enthält.

Gemüse-Frischkäse-Aufstrich

200 g   Frischkäse aus Buttermilch

4	Radieschen	*Die Radieschen waschen und in Stifte schneiden, die Frühlingszwiebel in feine Ringe schneiden. Mit dem Frischkäse verrühren, frisch gehackte Kräuter darüber streuen.*
½	Frühlingszwiebel	
frische Kräuter		

Pikanter Apfel-Aufstrich

2	säuerliche Äpfel (z.B. Boskop)	*Die gut gewaschenen Äpfel vierteln, entkernen, kleinschneiden und mit dem Zitronensaft begießen.*
Saft ½ Zitrone		

1 EL Margarine
1 EL Vollzucker

Margarine erhitzen, Zucker zugeben und leicht karamelisieren lassen.

125 ml Wasser

Die Apfelstücke und das Wasser hinzugeben und im geschlossenen Topf ca. 15 Minuten dünsten.

Jodsalz, Pfeffer
2 TL Senf
½ TL Curry

Würzen und abschmecken.

Schmeckt warm und kalt!

Möhrenaufstrich

400 g Möhren Gemüsebrühe	*Schälen, in Scheiben schneiden und in Gemüsebrühe garen.*
1 Zwiebel 1 TL Öl	*Die Zwiebel fein würfeln und im heißen Öl bräunen.*
	Möhren abgießen und mit den Zwiebeln mischen.
Jodsalz, Pfeffer, Curry, Chinagewürz	*Gewürze hinzugeben, mit dem Pürierstab mixen, abschmecken, evtl. nachwürzen.*
	Gut abgekühlt in ein Twist-Off-Glas füllen. *Im Kühlschrank 10 Tage haltbar.*

Variation:

30 g Kürbiskerne	*In einer trockenen Pfanne rösten, hacken, unter den Aufstrich rühren.*

Erbsenaufstrich

400 g	Erbsen	*In Gemüsebrühe garen.*
1 1 TL	Zwiebel Öl	*Die Zwiebel fein würfeln und im heißen Öl glasig dünsten.*
2 TL	Jodsalz, Pfeffer, geriebener Meerrettich	*Die Erbsen auf einen Durchschlag abtropfen lassen, mit Zwiebeln und Gewürzen mischen, mit dem Pürierstab mixen, abschmecken, evtl. nachwürzen.*

Gut abgekühlt in ein Twist-Off-Glas füllen.
Im Kühlschrank 10 Tage haltbar.

Avocado-Aufstrich

1	reife Avocado	*Die Avocado halbieren, den Stein herausnehmen und das Fruchtfleisch mit einem Eßlöffel herausschaben.*
	Saft ½ Zitrone Pfeffer	*Das Fruchtfleisch mit einer Gabel zerdrücken, den Aufstrich mit Zitronensaft und Pfeffer abschmecken.*

Hirtencreme

250 g	Magerquark	
200 g	Schafskäse	
50 g	Magerjoghurt	

250 g Magerquark
200 g Schafskäse
50 g Magerjoghurt

Den Schafskäse würfeln und mit Quark und Joghurt im Mixer mischen.

2 kleine Zwiebeln
2 Knoblauchzehen

Pellen und fein würfeln.

1 Bund Petersilie
1 Bund Schnittlauch

Waschen und fein schneiden.

Jodsalz, Pfeffer, Paprika, Thymian

Alle Zutaten unter die Creme rühren, kräftig würzen, abschmecken und vor dem Servieren einige Stunden im Kühlschrank ziehen lassen.

Mediterraner Brotaufstrich

150 g	Sonnenblumenkerne	*In einer trockenen Pfanne rösten.*
1	kleine Zucchini (ca. 200 g)	*Die Zucchini waschen und würfeln. Das Öl erhitzen, die*
3 EL	Olivenöl	*Zucchiniwürfel darin dünsten,*
1	Knoblauchzehe	*die Knoblauchzehe dazupressen.*
150 g	schwarze Oliven	*Die Oliven entkernen, in Scheiben schneiden und mit den übrigen Zutaten mischen.*
1 EL	Apfelessig	*Würzen, abschmecken und vor*
	Jodsalz, Pfeffer,	*dem Servieren im Kühlschrank*
	Kräuter der Provence	*ziehen lassen.*

Schmeckt gut zu Vollkornbrot und Tomatensalat.

Champignon-Hirse-Aufstrich

60 g	Hirse	*Hirse in die kochende Gemüse-*
200 ml	Wasser	*brühe geben und ca. 30 Min.*
1 TL	Gemüsebrühe	*ausquellen lassen.*

2	Zwiebeln fein gewürfelt	*Zwiebelwürfel in heißem Öl*
1 TL	Öl	*glasig dünsten.*

200 g	frische Champignons	*Waschen, in Scheiben schneiden,*
1 TL	Öl	*in heißem Öl leicht bräunen.*

Jodsalz, Pfeffer, Majoran,
Oregano, Kräuter der Provence,
1 TL   Zitronensaft
1 Tropfen Süßstoff

Die Hirse mit dem Gemüse und
den Gewürzen und Kräutern
verrühren und abschmecken.

Schmeckt warm auf frischem Sonnenblumenkernbrot besonders gut.

Süßer indischer Erbsenaufstrich

400 g	getrocknete Erbsen	*Erbsen über Nacht in Wasser*
1 l	Wasser	*einweichen, dann in Gemüse-*
2 TL	Gemüsebrühe	*brühe garen, ca. 1 Stunde.*

1 TL	Anis	*Die Gewürze zu den*
1 TL	Koriander	*Erbsen geben, mit dem*
½ TL	Nelken	*Pürierstab mixen,*
½ TL	Zimt	
1 TL	Jodsalz	
1 EL	Honig	

3 EL	Kokosraspel	*Kokosraspel und abgetropfte*
80 g	Rosinen	*Rosinen unterrühren,*
	(ca. 1 Stunde in Apfelsaft eingeweicht)	*abschmecken, evtl. nachwürzen.*

Gut abgekühlt in Twist-Off-Gläser füllen und im Kühlschrank lagern. Innerhalb von 1 Woche verbrauchen.

Pikante Dips

Sie schmecken vorzüglich zu rohem, eingelegtem oder gebratenem Gemüse. Genausogut lassen sie sich mit Vollkornbrot oder Pellkartoffeln kombinieren.

Eine einfache und sehr beliebte Möglichkeit der Gästebewirtung.

Frühlingsdip

400 g	Magerquark	
200 g	Joghurt	
½	rote Paprikaschote	
1	kleine Zwiebel	
4–5 EL	feingehackte Kräuter z.B. Schnittlauch, Dill, Petersilie, Basilikum	
Jodsalz, Pfeffer		

Zwiebel und Paprika fein würfeln.
Restliche Zutaten miteinander verrühren, abschmecken, evtl. nachwürzen und dann die Gemüsewürfel hineingeben.

Rote-Bete-Dip

250 g	Magerquark
150 g	Vollmilchjoghurt
50 g	saure Sahne
1 EL	Olivenöl
Jodsalz, Pfeffer, frischer Dill	

Mit dem elektrischen Handrührgerät cremig schlagen.

200 g	gegarte Rote Bete
1	Apfel
100 g	frische Gurke

Würfeln und unter die Quarkmasse heben, abschmecken, evtl. nachwürzen.

Mango-Dip

1	Mango	*Die Mango schälen, vom Kern lösen und pürieren.*
1 Stück Ingwerwurzel (30 g)		*Ingwer schälen und fein reiben.*
1	Becher Joghurt (150 g)	*Mit den restlichen Zutaten verrühren und abschmecken.*
2 TL	Zitronensaft	
2 TL	Curry	
2 EL	Mango-Chutney	
Jodsalz, Pfeffer		

Limetten-Dip

3	Limetten	*Limetten heiß abwaschen, die Schale fein abreiben und von 2 Limetten den Saft auspressen.*
2	Knoblauchzehen	*Knoblauch abziehen und dazupressen.*
1 Bund	Zitronenmelisse	*Die Kräuter waschen und von den Stengeln befreien.*
1 Bund	Kerbel	
3 EL	Öl	*Alle Zutaten mit dem Pürierstab pürieren und abschmecken.*
Jodsalz, Zitronenpfeffer		
1 TL	Honig	

Kichererbsen-Dip

100g	Kichererbsen Wasser	*Über Nacht in reichlich Wasser einweichen (10–12 Stunden), dann 1½ Stunden kochen. Die Kichererbsen abgießen, die Flüssigkeit dabei auffangen.*
1	Knoblauchzehe	*Pressen und zu den Kichererbsen geben.*
2 EL 2 EL	Zitronensaft Sesammus Jodsalz, Pfeffer, Cayennepfeffer	*Die Gewürze hinzugeben, mit dem Pürierstab mixen, dabei etwas von der Kochflüssigkeit hinzugeben. Abschmecken evtl. nachwürzen.*

Für Eilige

Die schnelle warme Brotmahlzeit aus dem Ofen.

Ein gutes Brot mit herzhaftem Belag und Ihrem Lieblingskäse: Dieser muß zum Schluß im Ofen schmelzen.

So wird aus einfachen Zutaten ganz schnell etwas Raffiniertes

(Im Backofen die obere Einschubleiste wählen oder unter dem Grill überbacken.)

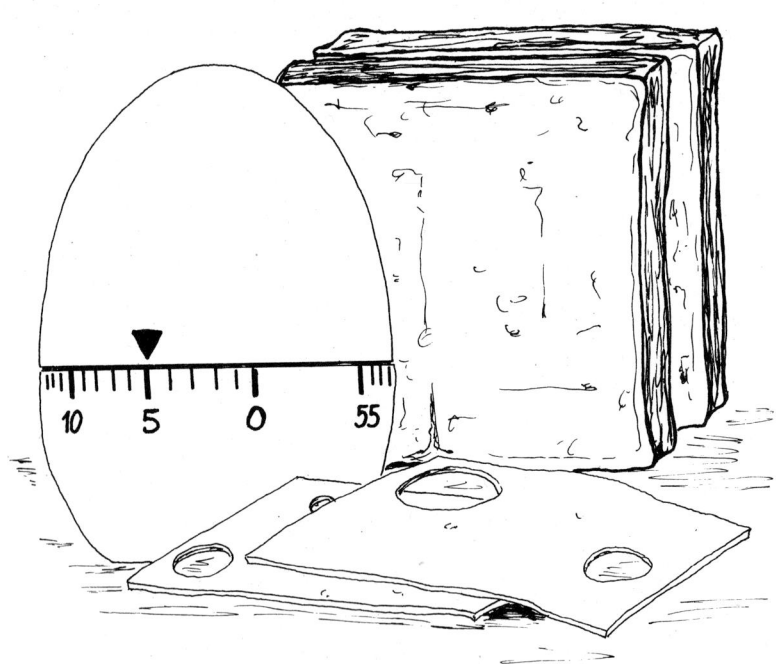

Überbackener Krauttoast

8	Scheiben Vollkorntoast	*Das Toastbrot toasten und mit*
40 g	Margarine	*der Margarine bestreichen.*

250 g	Kirschtomaten	*Die Kirschtomaten in Scheiben*
1	große Zwiebel	*schneiden und auf den Toast-*
Pfeffer		*böden verteilen. Die Zwiebel*
500 g	Frischkost-	*würfeln und darüberstreuen,*
	Sauerkraut	*mit Pfeffer würzen.*
8	Scheiben Gouda	*Das gut abgetropfte Sauerkraut*

kleinschneiden und über die Zwiebeln geben. Mit dem Käse belegen und bei 200° C 5–10 Min. backen.

Mango-Mozzarella-Brot

4	Scheiben Brot	*Das Brot mit Margarine*
40 g	Margarine	*bestreichen, die Mango schälen,*
1	frische Mango	*das Fruchtfleisch auf's Brot*
250 g	Mozzarella-Käse	*legen und pfeffern.*
Pfeffer		*Mozzarella in Scheiben schneiden*

und darauf verteilen. Bei 180° C 5–8 Minuten backen.

Auberginen-Tomaten-Brot

4	große Scheiben Bauernbrot	*Das Brot mit der*
40 g	Margarine	*Margarine bestreichen.*

1 Aubergine
Öl zum Braten
Jodsalz, Pfeffer

Die Aubergine der Länge nach in Scheiben schneiden und in heißem Öl von beiden Seiten braten. Beidseitig würzen und auf die Brote legen.

4 Tomaten

In Scheiben schneiden und darauf legen.

150 g Schafskäse
50 g schwarze Oliven
frischen Thymian

Schafskäse würfeln und mit Thymian und Oliven mischen.

Über die Brote streuen und bei 180° C 10 Minuten backen.

Gorgonzola-Haselnuß-Brot

4	Scheiben Vollkornbrot	*Vollkornbrot mit Margarine*
40 g	Margarine	*und Haselnußmus bestreichen,*
2 EL	Haselnußmus	*Birnen in Spalten schneiden*
2	gedünstete Birnen	*und darauf verteilen.*
150 g	Gorgonzola-Käse	*Den Käse darauf zerbröckeln*
2 EL	gehackte Haselnüsse	*und mit den gehackten*
		Nüssen bestreuen.

Bei 180° C 10 Minuten backen.

Spargel-Toast

8	Scheiben Vollkorntoast	*Das Toast mit der Margarine*
40 g	Margarine	*bestreichen und mit dem*
250 g	gegarten Spargel	*Spargel belegen.*
2 EL	Paniermehl	*Den Käse würfeln und mit*
1 EL	Sesam	*Paniermehl, Sesam und*
200 g	Briekäse	*Petersilie vermischen.*
frisch gehackte Petersilie		*Auf dem Spargel verteilen und*
		bei 180° C 10 Minuten backen.

Kuchen und Plätzchen

Tage, an denen wir uns und andere verwöhnen möchten, mit einem liebevoll gedeckten Tisch, selbstgebackenem Kuchen und duftendem Kaffee schaffen Atmosphäre und laden zum Verweilen und Plaudern ein.

Selbstgebackenes besticht durch seinen individuellen Geschmack und es wird dankbar anerkannt, daß Sie sich Arbeit und Mühe gemacht haben, um Freude zu schenken.

Essig-Kuchen

ohne Zucker!

Knetteig:

130 g	Margarine
140 g	Weizenvollkornmehl
3 EL	Wasser
1 EL	Essig

Verkneten, ½ Stunde kühl stellen. Den Teig in 2 gleichgroße Stücke teilen, diese auf ein mit Backtrennpapier belegtes Backblech legen. Zu Streifen von ca. 10 x 35cm formen.

Brandteig:

¼ l	Wasser
130 g	Margarine
120 g	Weizenvollkornmehl
3	Eier

Wasser und Margarine aufkochen, Topf von der Herdplatte nehmen, das Mehl mit einem Holzlöffel hineinrühren, wieder auf die heiße Herdplatte stellen und 1 Minute weiterrühren, den heißen Kloß in eine Schüssel geben, die Eier einzeln darunterrühren. Ca. 15 Minuten abkühlen lassen, dann in einen Spritzbeutel geben, in dichten Schlaufen auf die vorbereiteten Teigstreifen spritzen.

Bei 170° C 40 Minuten backen.

Die abgekühlten Kuchen können mit Puderzucker oder Fruchtzucker bestreut werden.

Bienenstich

ohne Ei!

Füllung:
- 750 ml Milch
- 60 g Vollzucker
- 80 g Puddingpulver Vanille
- 30 g Margarine

Etwas kalte Milch mit dem Puddingpulver verrühren, restliche Milch zum Kochen bringen, angerührtes Puddingpulver hineingeben und kurz aufkochen lassen. Zucker und Margarine einrühren und auskühlen lassen.

Teig:
- 150 g Magerquark
- 100 ml Milch
- 100 ml Öl
- 80 g Vollzucker
- 1 Tüte Backpulver
- 300 g Weizenvollkornmehl

Zu einem glatten Teig verkneten und in eine mit Backpapier ausgelegte Springform geben.

Belag:
- 70 g Margarine
- 80 g Vollzucker
- 1 EL Sahne
- 2 TL Honig
- 100 g gehobelte Mandeln

In einen Kochtopf geben und langsam erwärmen, dabei gut umrühren und etwas einkochen lassen. Dann die Mandeln unterrühren. Die Masse auf den Teig geben und bei 180° C 30 Minuten backen. Den Kuchen etwas abkühlen lassen, dann waagerecht durchschneiden, die untere Hälfte mit der Vanillecreme bestreichen, die obere Hälfte mit einem scharfen Messer in 16 Tortenstücke schneiden und diese auf die Vanillecreme setzen.

Russische Apfeltorte

150 g	Margarine
120 g	Vollzucker
3	Eier
120 ml	Milch
200 g	Weizenvollkornmehl
100 g	Weizenmehl Typ 1050
50 g	gemahlene Nüsse
3 TL	Backpulver
1 TL	Zimt
1 EL	Kakao
50 g	Schokoladenraspel
5	Äpfel
Saft ½ Zitrone	
2 EL	Aprikosenkonfitüre

Rührteig herstellen.
4 Äpfel schälen und achteln, die Kerngehäuse entfernen und die Äpfel quer in Scheiben schneiden. Mit dem Zitronensaft beträufeln und unter ¾ des Teiges heben. Die Masse in eine mit Backpapier ausgelegte Tortenform geben. Den restlichen Teig auf die Oberfläche streichen. Den letzten Apfel schälen und vierteln, das Kerngehäuse entfernen. Die Apfelviertel längs in dünne Spalten schneiden und am Rand auf den Teig legen. Bei 170° C 60 Minuten backen.

Die Aprikosenkonfitüre aufkochen und den noch heißen Kuchen damit glasieren.

Hefekuchen mit Zwetschgen

400 g	Weizenvollkornmehl	*Aus den Zutaten einen Hefeteig herstellen, an einem warmen Ort 30 Minuten gehen lassen und auf einem mit Backpapier ausgelegtem Backblech gleichmäßig verteilen. Nochmals gehen lassen.*
100 g	Weizenmehl Typ 1050	
80 g	Vollzucker	
Saft 1 Zitrone		
2	Tüten Trockenhefe	
250 ml	lauwarme Milch	
80 g	zerlassene Margarine	
1 kg	Zwetschgen	*Waschen, halbieren, die Kerne entfernen und gleichmäßig auf den Hefeteig verteilen. Bei 180° C 30 Minuten backen.*
5 EL	Vollzucker	*Mischen und gleichmäßig über den Kuchen streuen.*
½ TL	Zimt	

Erdbeer-Joghurt-Torte

Teig:

250 g	Weizenvollkornmehl	
150 g	Margarine	
75 g	Vollzucker	
1	Ei	

Verkneten, 30 Min. kalt stellen, ausrollen, in eine mit Backpapier ausgelegte Springform geben, einen Rand hochziehen (ca. 5cm) und bei 170° C 30 Min. backen.

Füllung:
10 Blatt Gelatine

In kaltem Wasser einweichen.

250 g Schlagsahne

Steif schlagen und kalt stellen.

200 g Erdbeeren

In Scheiben schneiden und beiseite stellen.

750 g Joghurt
100 g Vollzucker
Saft 1 Zitrone
800 g Erdbeeren

Die Erdbeeren pürieren und anschließend mit den restlichen Zutaten verrühren.

Die Gelatine auflösen und unter die Erdbeer-Joghurt-Masse rühren, kalt stellen. Wenn die Joghurtcreme zu gelieren beginnt, die Sahne unterheben. In den vorbereiteten Tortenboden geben, kalt stellen.

80 g Erdbeerkonfitüre

Wenn die Torte fest ist, mit den Erdbeerscheiben garnieren und mit der erwärmten Konfitüre begießen.

Ananas-Vanille-Kuchen

250 g	Margarine	*Schaumig rühren.*
150 g	Vollzucker	
2	Eier	
2	Eigelb	

500 g	Weizenvollkornmehl	*Unterkneten. Den Teig 30 Min. kalt stellen. Dann auf ein mit Backpapier belegtes Blech verteilen.*

750 ml	Milch	*Vanillepudding kochen und mit Süßstoff süßen. Etwas abkühlen lassen.*
90 g	Puddingpulver, Vanille	
Süßstoff, flüssig		

800 g	Magerquark	*Unter den Pudding rühren. Die Vanillecreme auf den Teig streichen.*
2 EL	Zitronensaft	

1	frische Ananas	*Schälen, in Scheiben schneiden, Strunk entfernen, Ananasstücke gleichmäßig auf den Kuchen verteilen. Im vorgeheizten Ofen bei 180° C 50 Minuten backen.*

2	Eiweiß	*Eiweiß steif schlagen, Zucker einrieseln lassen, Kokosraspel unterheben. Auf dem Kuchen verteilen und weitere 10 Min. backen.*
40 g	Vollzucker	
50 g	Kokosraspel	

Heiße Wecken

150 g	Haferflocken	*Vermischen,*
230 g	Weizenvollkornmehl	
20 g	Puddingpulver, Vanille	
50 g	Rosinen	
2 TL	Zimt	
60 g	Vollzucker	
1 Tüte	Hefe	

80 g aufgelöste Margarine
200 ml leicht erwärmte Buttermilch

mit den übrigen Zutaten verkneten, an einem warmen Ort ca. 45 Minuten gehen lassen. Die Schüssel mit einem Handtuch abdecken. Teig nochmals durchkneten, 10–12 Kugeln formen, zu flachen Wecken drücken, auf ein mit Backpapier belegtes Blech legen, nochmals gehen lassen,

1 verquirltes Ei

mit dem verquirlten Ei bestreichen und bei 180° C 20 Minuten backen.

Suse's Früchtebrot

300 g	Weizenmehl Typ 1050	*Alle Zutaten mit dem*
100 g	feine Haferflocken	*elektrischen Handrührer*
6 TL	Backpulver	*zu einem Teig verrühren.*
1 EL	Kakao	
½ TL	gemahlene Nelken	
¼ TL	Cardamom	
1 TL	Zimt	
5 Tropfen	Bittermandelöl	
2 EL	Honig	
300 ml	Wasser	

150 g Rosinen
3 mittelgroße Äpfel

Die Äpfel gut waschen, vierteln, entkernen und in sehr kleine Würfel schneiden.

Apfelwürfel und Rosinen unter den Teig rühren, in eine mit Backpapier ausgelegte Kastenform geben und bei 180° C 60 Minuten backen.

Schwarzbrotauflauf

- wird warm serviert
- eignet sich auch als Dessert
- in größerer Menge als süßes Hauptgericht geeignet

(Gut geeignet, um trocken gewordenes Schwarzbrot zu verwerten!)

200 g	Schwarzbrot	*Schwarzbrot ganz fein würfeln*
¼ l	Milch	*(oder mit der Küchenmaschine reiben) und einige Stunden in der Milch einweichen.*
60 g	Rosinen	*Die Rosinen im Zitronensaft einweichen.*
Saft von 1 Zitrone		
2	Eiweiß	*Steifschlagen.*
100 g	Honig	*Mit dem elektrischen Handrührgerät verrühren, das eingeweichte Schwarzbrot und die eingeweichten Rosinen hinzugeben,*
2	Eigelb	
1 TL	Kakao	
½ TL	Zimt (in der Weihnachtszeit statt Zimt Lebkuchengewürz)	
50 g	Mandelstifte	*Mandelstifte und Eischnee unterheben, Masse in 2 mit Haferflocken ausgestreute Auflaufformen geben und bei 160° C 45 Minuten backen.*

Dazu paßt Apfelmus besonders gut!

Kleiner Quarkstollen   weihnachtlich!

100 g	Honig	*Schaumig rühren.*
2	Eier	

320 g	Magerquark	*Alle weiteren Zutaten*
400 g	Weizenvollkornmehl	*hinzugeben und miteinander*
1 Tüte	Backpulver	*verkneten. Einen Stollen formen,*
1½ EL	Stollengewürz	*auf ein mit Backpapier*
50 g	gehackte Mandeln	*belegtes Blech legen und*
30 g	gehackte Nüsse	*bei 180° C 25 Minuten backen.*
120 g	Rosinen	

Gefüllter Honigkuchen *weihnachtlich!*

130 g	Honig	*Schmelzen und*
70 g	Margarine	*abkühlen lassen,*

2 Eier
130 g Vollzucker
200 g Weizenvollkornmehl
100 g feine Haferflocken
Saft ½ Zitrone
2 TL Lebkuchengewürz
2 TL Backpulver

Eier und Zucker schaumig schlagen, das Honig-Margarine-Gemisch hinzugeben, die restlichen Zutaten unterrühren. Die Hälfte des Teiges in eine mit Backpapier ausgelegte Springform geben.

500 g feingeschnittene Äpfel
100 g gehackte Mandeln
100 g Rosinen
3 EL Vollzucker

Vermischen, auf den Teig geben. Restlichen Teig darübergeben und bei 180°C 40 Min. backen.

Müsli-Riegel

400 g	Müsli ohne Zuckerzusatz	*mischen,*
50 g	Sonnenblumenkerne	*beiseite stellen,*
50 g	Kürbiskerne	

50 g	Margarine	*unter Rühren zum Kochen*
100 g	Vollzucker	*bringen, 3–4 Minuten kochen,*
100 g	Honig	*dabei ständig rühren,*
1 TL	Zitronensaft	*bis die Masse karamelisiert.*

Dann die Müslimischung einrühren, umrühren bis alles von der Karamelmasse überzogen ist.

Die warme Riegelmasse auf ein mit Backpapier belegtes Blech streichen, mit dem Nudelholz glattrollen. Nach 10 Minuten mit einem Messer in schmale Riegel schneiden, auskühlen lassen.

Haselnußmürbchen

120 g	Margarine	*Schaumig rühren,*
120 g	Vollzucker	
100 g	Weizenvollkornmehl	*zugeben und zu*
100 g	gemahlene Haselnüsse	*einem glatten Teig*
100 g	feine Haferflocken	*verkneten.*
100 g	ganze Haselnußkerne	*Aus dem Teig kleine Kugeln formen, etwas flach drücken, eine ganze Nuß in die Mitte drücken, auf ein mit Backpapier belegtes Blech legen und bei 180° C 15 Minuten backen.*

Mandelbatzen

4	Eier	*Schaumig rühren,*
180 g	Vollzucker	

300 g gemahlene Mandeln *hinzufügen,*
abgeriebene Schale
einer Zitrone
1 TL Zimt
50 g feingeschnittenes
 Orangeat
50 g feingeschnittenes
 Zitronat

250 g Weizenvollkornmehl *zuletzt unterkneten.*

Mit einem Teelöffel walnußgroße Häufchen auf das Backblech setzen und bei 180° C ca. 15 Min. backen.

Schokoladenmakronen

4	Eiweiß	*Eiweiß steifschlagen,*
250 g	Vollzucker	*Zucker einrieseln lassen,*
		weiterschlagen, bis sich die
		Zuckerkristalle aufgelöst haben.
100 g	Schokoladenraspel	*Unterheben, mit 2 TL kleine*
100 g	gemahlene Mandeln	*Häufchen auf ein mit*
150 g	feine Haferflocken	*Backpapier belegtes Blech*
		setzen und bei
		160° C 15 Minuten backen.

Anisplätzchen

3	Eier	*Schaumig rühren,*
200 g	Vollzucker	
1 EL	Zitronensaft	*hinzufügen, gut verrühren,*
2 TL	gemahlener Anis	*mit 2 Teelöffeln walnußgroße*
250 g	Weizenvollkornmehl	*Häufchen auf ein vorbereitetes*
		Backblech setzen.
		Bei 180° C 20 Minuten backen.

Pistazien-Plätzchen

100 g	Margarine	*Verkneten,*
100 g	Vollzucker	*ca. ½cm dick ausrollen,*
1	Päckchen Vanillezucker	*Plätzchen ausstechen,*
1	Ei	*auf ein mit Backpapier*
50 g	gemahlene Pistazien	*belegtes Blech legen und*
30 g	gemahlene Mandeln	*bei 180° C 10 Minuten backen.*
1 EL	Zitronensaft	
150 g	Weizenvollkornmehl	
30 g	feine Haferflocken	

Guß:

150 g	Puderzucker	*Verrühren, die abgekühlten*
Saft 1 Zitrone		*Plätzchen damit bestreichen*
30 g	gehackte Pistazien	*und mit den gehackten*
		Pistazien bestreuen.

Getränke

Für besondere Anlässe ist es ein Genuß, selbstgemachte Getränke zu servieren. Zum Frühstück oder nach dem Sport wirken sie erfrischend oder belebend. Heiße Getränke wärmen uns nach einem Winterspaziergang auf.

Die folgenden Anregungen tragen zur Gesundheit bei, da sie reichlich Vitamine und Mineralstoffe liefern.

Übrigens, auch Ihre autofahrenden Gäste werden sich über diese Getränke erfreuen, denn sie sind alle alkoholfrei!

Apfelpunsch

5 TL	schwarzen Tee	*Den Tee mit dem kochenden*
¾ l	Wasser	*Wasser übergießen und 3–5 Min.*
		ziehen lassen. Dann durch ein
		Sieb in einen Topf gießen.

80 g Vollzucker
¼ l Apfelsaft
je 1 Messerpitze Zimt,
Nelken, Piment und
Koriander

Zucker, Saft und Gewürze zum Tee geben. Gut rühren bei kleiner Hitze, bis der Zucker sich aufgelöst hat. Dann in 4 Punschgläser füllen.

200 g Schlagsahne

Die Sahne steifschlagen und auf den Apfelpunsch setzen.

Pikanter Gurken-Flip

1	kleine Zwiebel	Die Zwiebel und die Gurke
1	Salatgurke	schälen und würfeln.

je 1 Messerspitze Diese Zutaten
Jodsalz und Pfeffer zum Gemüse geben
2 Tropfen Tabasco und alles im Mixer
2 EL Alfalfasprossen fein pürieren.
500 g Dickmilch

½ l kohlensäurehaltiges Das Mineralwasser mit den
Mineralwasser übrigen Zutaten verrühren und
in 4 Longdrinkgläser gießen.

1 EL gehackte Petersilie Mit gehackter Petersilie
garnieren.

Erdbeermilch

250 g Erdbeeren 1 l Milch 1 EL flüssigen Honig Mark ½ Vanilleschote	*Die Erdbeeren waschen,* *von den Stielen befreien und* *mit dem Honig, dem Vanillemark* *und ¼ l Milch im Mixer* *pürieren. Mit der restlichen* *Milch verrühren.*
4 Blätter Zitronenmelisse	*Waschen, abtropfen lassen* *und zur Garnierung verwenden.*

Sanddorn-Drink

4 EL Schmelzflocken 4 EL Honig 8 EL Sanddornsirup 1 l Milch	*Alle Zutaten* *gut mixen und* *kalt servieren.*

Sanddorn schützt durch seinen hohen Vitamin-C-Gehalt vor Erkältungen und stärkt die Abwehrkräfte.

Joghurt-Honig-Drink

200 g Joghurt 400 ml Mineralwasser 4 EL Honig ¼ TL Kardamompulver Saft von 2 Orangen	*Verrühren und sofort servieren.*

Melonen-Bowle

1 l Wasser
6 TL Früchtetee
1 Zimtstange

Das Wasser aufkochen, den Tee und die Zimtstange hineingeben und bei kleiner Hitze 10 Minuten ziehen lassen. Dann durch ein Sieb gießen und erkalten lassen.

Saft 1 Zitrone
Saft von 2 Orangen
4 EL Akazienhonig

Mit dem Tee verrühren.

½ Melone

*Die Melone schälen und würfeln.
Die Früchte in die Bowle geben.*

Tomaten-Sellerie-Saft

600 ml Tomatensaft
200 ml Selleriesaft
Pfeffer, Jodsalz

Mischen und abschmecken.

Kräuter-Buttermilch

1 l   Buttermilch
1 TL   Jodsalz
1 Prise Pfeffer
2 EL   frischen Schnittlauch
2 EL   frische Petersilie
2 EL   frischen Dill

Die Kräuter waschen und fein schneiden. Alle Zutaten mit dem Schneebesen gut verrühren und abschmecken.

Rezeptverzeichnis

Ananas-Vanille-Kuchen 202
Anisplätzchen 212
Apfel-Aufstrich, pikant 181
Apfelpunsch 215
Apfelreis 160
Apfelsuppe mit Haferflocken 85
Apfeltorte, russisch 199
Aprikosenkonfitüre 35
Auberginen mit Kartoffelfüllung 108
Auberginen-Tomaten-Brot 194
Avocado-Aufstrich 183

Bananen, gebacken 158
Béchamel-Kartoffeln 107
Beerensalat, rot 167
Bienenstich 198
Birnen mit Schokosoße 154
Blattspinat mit Pinienkernen 139
Blumenkohlauflauf 118
Blumenkohl-Broccolisalat 68
Blumenkohlsalat
mit Heidelbeerdressing 41
Bohneneintopf 77
Bohnensalat 67
Bohnensuppe mit Nudeln 82
Bratäpfel mit Vanillesoße 154
Brotaufstrich, mediterran 185
Brotsuppe 83
Buchweizengrütze mit Milch 27
Buchweizenpfannkuchen 102
Buttermilch-Flammeri 151

Champignons, gefüllt 101
Champignon-Hirse-Aufstrich 186
Chicoréesalat mit Nüssen 57
Curry-Plätzchen 178

Dinkelwaffeln 170

Eichblattsalat mit Grapefruit 55
Eier im Gemüsebett 132
Eier im Liebstöckel-Nest 99
Erbsenaufstrich 183
Erdbeer-Joghurt Torte 201
Erdbeermilch 217
Erfrischungssalat 42
Essig-Kuchen 197
Exotischer Früchteteller 166

Fenchel, überbacken 94
Fladenbrot mit Kartoffeln 169
Fliederbeerensuppe
mit Grießklößchen 90
Franzbrötchen 29
Frischkäse mit Brombeeren 151
Früchte mit Füllung 162
Früchtebrot 204
Frühlingsdip 189
Frühstücksquark 28

Gemischter Salat 47
Gemüse-Frischkäse-Aufstrich 180
Gemüse-Pastete 95
Gemüseragout 136
Gemüsesülze 130
Gemüse-Tofu-Spieße 124
Gewürz-Brot 169
Gnocchi mit Gorgonzola 125
Gorgonzola-Haselnuß-Brot 195
Griechische Bohnen
nach Bauern Art 142
Grüne Bohnen in Estragonsoße ... 140
Grünkohl 147
Gurken-Flip, pikant 216
Gurkensalat 56
Gurken in Zitronensoße 149

Hafer-Rührei 26	Maissalat 66
Haselnußmürbchen 209	Mandelbatzen 210
Hefekuchen mit Zwetschgen 200	Makkaroni mit Basilikumsoße 100
Heidelbeer-Pfannkuchen 155	Mango-Dip 190
Hirse-Bratlinge 117	Mango-Mozzarella-Brot 193
Hirse in Erdbeersoße 152	Melonen-Bowle 218
Hirtencreme 184	Mirabellenkompott 164
Honigkuchen, gefüllt 207	Möhrenaufstrich 182
	Möhrenrohkost mit Ingwer 65
Indischer Erbsenaufstrich, süss 187	Möhrensuppe mit Grünkernklößchen .. 84
	Müslibrötchen 31
Joghurt-Honig-Drink 218	Müsli-Riegel 208
Johannisbeer-Quark	
mit Pumpernickel 161	Nudelsalat 123
Käse-Porree-Waffeln 172	Obstsalat 163
Käsesalat mit blauen Trauben 69	Obstsalat mit Pistazien 167
Käsewaffeln 170	Obstsalat mit Schlagsahne 153
Kartoffeln mit Spinatfüllung 109	Orangensalat mit Minze 40
Kartoffelcremesuppe	Osterschnecken, grün 174
mit Champignons 80	
Kartoffelplätzchen mit Mozzarella .. 122	Paprika mit Sauerkrautfüllung 112
Kartoffelpüree mit Buttermilch 104	Pellkartoffeln mit Rote-Bete-Quark .. 120
Kartoffelsalat mit Kichererbsen-	Petersilienpizza 98
keimlingen 38	Plätzchen, pikant 177
Kartoffelwaffeln 173	Pistazien-Plätzchen 213
Keimlings-Salat mit Champignons ... 70	Porree-Apfel-Gemüse 145
Kichererbsen-Dip 191	Porree-Rohkost 43
Kirschgelee mit Mandelsoße 156	Porreetorte 119
Kohlgemüse 143	
Kohlrabisalat mit Kräutersauce 51	Quarkstollen 206
Kohlrouladen 127	
Kräcker 176	Radieschensalat 55
Kräuter-Buttermilch 219	Reisgericht, orientalisch 134
Krauttoast, überbacken 193	Reispfanne, kalifornisch 133
Kürbis-Apfel-Rohkost 48	Rettich in Pfeffersoße 50
Kürbisauflauf 96	Rhabarber-Quarkspeise 165
Kürbiscremesuppe 86	Rosenkohlsalat 43
Kürbissuppe, südamerikanisch 78	Rote-Bete-Auflauf 114
	Rote-Bete-Dip 189
Limetten-Dip 190	Rote-Bete-Gemüse 141
Linsen-Bratlinge 107	Rote-Bete-Rohkost 50
Linsen-Salat 49	Rote-Bete-Salat 52
Litauische Sommersuppe 85	Rote-Bete-Salat mit Mandarinen 39

Rote-Bete-Suppe 88
Rote-Bete im Teig 116
Rote Grütze mit Milch 157
Rote-Linsen-Salat 58
Rote Linsensuppe mit Curry 81
Rotkohlrohkost 59

Sanddorn-Drink 217
Sauerkrautsalat 64
Sauerkrautstrudel 103
Sauerkrautsuppe 87
Sauerkraut-Trauben-Gemüse 141
Selleriecremesuppe mit Nußbällchen .. 79
Sellerie im Knuspermantel 126
Selleriewaffeln, knusprig 171
Sesamkartoffeln mit Quark
und Leinöl 105
Sojabohnen-Auflauf 137
Sojanudelsalat mit Kichererbsen 45
Spaghetti mit Möhrensoße 115
Spargelragout 97
Spargelsalat 54
Spargel-Toast 195
Spinatauflauf mit Schafskäse 113
Schafskäse im Pergament-Päckchen .. 92
Schneidebohnen mit Tomaten 148

Schnittlauch-Törtchen 175
Schokoladenmakronen 211
Schwarzbrotauflauf 205
Schwarze Johannisbeeren-
Sauerkirschen-Konfitüre 34
Schwarzwurzeln 144
Steckrübenrohkost 62

Tomaten, gefüllt 110
Tomaten-Oliven-Salat 53
Tomaten-Sellerie-Saft 219

Walnuß-Quark 30
Wecken 203
Weißkohlrohkost 60
Weizenmüsli mit Joghurt 28
Wirsing mit Mandeln 146

Vegetarische Würstchen im Teig 129
Vollkorn-Brötchen 25

Zucchini mit Grünkernfüllung 111
Zucchinischeiben, gebraten 121
Zuckerschoten-Erbsen-Salat 46
Zwiebelsalat 61
Zwiebelsuppe 89

Literatur

Bioaktive Substanzen in Lebensmitteln, Bernhard Watz, Claus Leitzmann, Hippokrates Verlag Stuttgart 1995

Ernährungsbericht 1996, Deutsche Gesellschaft für Ernährung, Frankfurt a.M. 1996

Keimlinge, Auswertungs- und Informationsdienst für Ernährung, Landwirtschaft und Forsten e.V., Bonn 1997

Kalorien Mundgerecht, Umschau Verlag Frankfurt 1993

Kurzbuch gesunde Ernährung, Ingeborg Münzing-Ruef, Zabert Sandmann Verlag, München 1995